D1107983

DE CARNAVAL, REINAS Y NARCO

ARTURO SANTAMARÍA GÓMEZ

DE CARNAVAL, REINAS Y NARCO

El terrible poder de la belleza

Grijalbo

Se hizo todo lo posible por contactar a los propietarios de los derechos de las imágenes. En caso de alguna omisión, la editorial se compromete a consignar el crédito pertinente en próximas ediciones.

De carnaval, reinas y narco
El terrible poder de la belleza

Primera edición: febrero, 2014

D. R. © 2013, Arturo Santamaría Gómez

D. R. © 2014, derechos de edición mundiales en lengua castellana:
Penguin Random House Grupo Editorial, S.A. de C.V.
Av. Homero núm. 544, colonia Chapultepec Morales,
Delegación Miguel Hidalgo, C.P. 11570, México, D.F.

www.megustaleer.com.mx

Comentarios sobre la edición y el contenido de este libro a:
megustaleer@rhmx.com.mx

ISBN 978-607-312-086-9

Impreso en México / *Printed in Mexico*

Índice

A las dos mujeres sinaloenses de mi vida:
Sandra, alba en el Paseo del Centenario, caricia a los ojos e inteligencia
de todos los días, y María Alessandra, milagro de luz, voluntad platina
y manantial para siempre, a quien esperé amorosamente durante nueve meses
para que nacieran ella y este libro.

A mi hijo Francisco Miguel, quien me ha llevado de la mano con su silencio
a descubrir que la vida ofrece caminos inesperados a la felicidad.

Te hablo: ciega, voz a gritos, muda,
otra de a quien me dirijo.
Digo tú. Busco; avance de ceguera,
Inevitable.
Hacer lo que no podía dejar de ser, no
ser yo quien ordenara;
Sólo orden arrojado.
Donde tú estás silencio, tono de
mirada; me haces sonar, suenas.
Tú pasas quieta enarbolada de la luz.

LEONEL RODRÍGUEZ SANTAMARÍA,
La realidad de la belleza

Prólogo

El culto a la belleza es una tradición ancestral que se extiende a todos los rincones y clases sociales de Sinaloa. Se institucionalizó por primera vez en 1899, cuando el Carnaval de Mazatlán pasó de ser una fiesta de arrabal, prácticamente espontánea, a una fiesta organizada por las élites locales. Sin embargo, el canto y elogio a la belleza femenina en aquella zona data de mucho antes; por lo menos el poema "Grandeza mexicana" de Bernardo de Balbuena, del siglo XVI, así lo hace constar.

Los sinaloenses hicieron del culto a la mujer un rasgo de su identidad regional, y de la veneración de la belleza pasaron a la elección de reinas en sus fiestas locales; luego, a la producción en serie de reinas con cualquier pretexto. Las reinas pasaron a ser, por su raigambre, masividad e impacto social, un símbolo cultural relevante en ceremonias de todo tipo.

La abrumadora celebración de grandes y pequeños concursos de belleza, la inagotable elección de reinas y la relevancia que tiene el Carnaval de Mazatlán, donde la coronación de las mismas es el motivo principal, no podía ser un mero cúmulo de hechos frívolos sino un conjunto de actos sociales relevantes para la cultura regional que posteriormente, debido a la creciente importancia global del narco sinaloense y la visible relación de muchas reinas de belleza con los capos, serían motivo de abundantes reportajes, escritos y grabaciones en video y radio de periodistas de varias partes del mundo.

La costumbre tan antiguamente arraigada de elegir y erigirse reina de cualquier grupo, actividad o institución existente en Sinaloa, reproducida miles de veces cada año, no puede dejar de llamar la atención de un fuereño, para decirlo al estilo de José Alfredo Jiménez cuando canta el "Corrido de Mazatlán". En realidad es uno de los hechos culturales más constantes, masivos y significativos en las historias cotidianas, pero también en las más grandes celebraciones de la sociedad sinaloense.

Visto desde afuera, podría afirmarse que las mujeres más tradicionalistas son las que gustan de los menesteres monárquicos, pero en realidad no es así. Pudiera pensarse que la mujer gustosa del halago, de los maquillajes, las zapatillas altas y las coronas, da a cambio su sometimiento al hombre; sin embargo, en Sinaloa viven mujeres más bien desafiantes, probablemente más decididas y mandonas que en la mayor parte del país. Les gusta harto el arreglo, el estreno y la discreta presunción, pero *dejadas* no son.

La coronación de las reinas, ¿es un hecho frívolo? Sí, muchas veces; pero también es un acontecimiento trascendente en la vida de miles de niñas, adolescentes y mujeres jóvenes, el cual posee tal carga simbólica que hombres de empresa, del mundo político y hasta narcos buscan apropiarse estos eventos. Una reina de belleza o una reina del carnaval son símbolos tan deseados por los narcos y sus hijos que las disputan fieramente, incluso hasta la muerte.

Varios capítulos de este libro, menos felices pero no exentos de importancia, hablan acerca de la frecuente relación, no reciente por cierto, entre las reinas de belleza y los capos del narco. En los años cincuenta ya se conocía tal vínculo, pero en fechas más próximas, cuando el crimen organizado cobra una dimensión nacional y estalla la llamada y lamentable *guerra del narco* durante el gobierno de

14

Felipe Calderón, las reinas involucradas con jefes de la producción y el trasiego de drogas se convierten en personajes emblemáticos de una época profundamente violenta en la historia nacional.

Los narcos han ido adquiriendo tal presencia en la sociedad mexicana en general y en particular en la sinaloense que, a inicios del siglo XXI, ya disputan espacios políticos, militares, económicos, culturales y territoriales. Como parte de su fiera lucha por más poder se han ido apropiando de símbolos culturales regionales, probablemente de manera espontánea, sin un plan deliberado, tal y como sucede con las reinas, bellas jóvenes que saben ya que convertirse en tales les facilita el acceso al imperio del narco, y no pocas de ellas lo buscan afanosamente. El narco mexicano avanza en todos los terrenos.

Otros capítulos abordan la poderosa influencia del estilo femenino sinaloense en la comunidad gay del estado, donde se observa la reproducción del culto a los concursos de belleza. Pero quizá lo más revelador de las reinas gay de Sinaloa es que también han sabido seducir a los narcos, que al menos en apariencia serían el más profundo paradigma del machismo homofóbico mexicano.

Al margen de lo anterior, la combinación de ser reinas de belleza, constantes, responsables y con frecuencia brillantes estudiantes, profesionistas y trabajadoras así como generosas amantes y madres, quizá resulte extraña a varios pero es una realidad observable en muchas mujeres de Sinaloa. ¿De dónde viene eso?, ¿cómo ha evolucionado?, ¿adónde puede ir?, son cuestiones que no podían esperar más un intento de respuesta. En este libro apenas insinúo una interpretación de este rasgo de la cultura popular sinaloense y el papel central de las mujeres en su trazo, el cual, por la cada vez más frecuente relación de las reinas con los capos del crimen organizado, ya ha cobrado una relevancia que rebasa las fronteras del territorio nacional.

CAPÍTULO 1

La mujer en Sinaloa

SINALOA EN LOS OJOS:
UNA NATURALEZA BRONCA

Enrique Félix Castro, *el Guacho*, escritor sensible y penetrante, de estilo barroco y vida atormentada, recibía del panorama sinaloense, como no pocos coterráneos, una sensación erótica. En su ensayo "Imagen de Sinaloa" nos invita a que lo veamos como un paisaje sexual:

> Cabelleras de agua son sus lluvias, que engendran sueños de amor en la flor ciega del corazón palpebral de las mujeres; las estribaciones de las sierras de Nachaviste y Tasajera, de Tacalama y Conitaca; los litorales diáfanos de Saliaca y Lucernilla; el manchón de las islas de Santa María de Ahome, de Macapule y de la Piedra; la gracia marina de las albúferas, los pozos de agua caliente de Imala y Cacalotán... nutren la libido del hombre inmerso en la alegoría y en la alusión imperfecta de sus ojos, siempre abiertos a la luz que le baña y le circuye.[1]

Al igual que muchos otros, quizá la mayoría de los escritores sinaloenses del siglo XX y aun de antes, se ven arrebatados por la se-

---

[1] Enrique Félix Castro, *Evolución tardía de la provincia*, UAS, Culiacán, 1985, p. 28.

17

ducción ígnea de la presencia femenina en esta tierra que ven "como un milagro de luz". No será esta la única región del mundo en la que el canto a la mujer sea ineludible y persistente tanto en las letras y la plástica como en la cultura popular, pero lo cierto es que en Sinaloa el culto a la belleza y al erotismo de sus mujeres es un tema dominante, acaso sólo igualado por las reverencias al mar, a la intensa luz del cielo y más recientemente por las reacciones de rechazo, pero también de alabanza, a la cultura del narcotráfico.

Si el sinaloense todavía tiene una especie de relación religiosa con la flora, como dice *el Guacho*, si es "hijo de su paisaje", si se saluda "con las nubes que emigran sobre las mezcaleras de Capirato y diariamente se asoma al balcón de las tardes para atisbar el sueño que bulle en el sacramento crepuscular", vemos a un ser que mantiene su cordón umbilical atado al vientre materno de la naturaleza.

Desde luego, la Sinaloa de finales del siglo XX y principios del XXI no es la tierra bucólica, dominada por los paisajes rurales, de calmos atardeceres y peces danzantes que *el Guacho* conoció, pero al sinaloense la naturaleza aún le dicta cómo y de qué vivir. La tierra, el mar y el sol siguen siendo sus fuentes primarias de vida. Los campos de tomate, maíz, chile, soya y berenjena, las huertas de mango y ciruela, el mar abundante de camarones, peces y callo de hacha, el sol y la playa, y también la amapola y la mariguana, alimentan y dan trabajo y capital a sus hijos. La naturaleza-mujer sigue siendo la esencia de su reproducción y cultura.

La relación con la naturaleza en Sinaloa ha permanecido a lo largo de su historia. Para sobrevivir como sociedad se sigue alimentando de su cuerpo; haber cortado ese cordón umbilical hubiese significado el paso a una sociedad industrial y a un orden social distinto. La psicología de la infancia histórica de Sinaloa, entonces, no es muy distinta de la de la historia adulta, contemporánea, porque ésta permanece fundida a una naturaleza sobreprotectora.

La tierra sinaloense es fértil cuerpo de mujer. En efecto, el sol en este suelo se posa generoso y abundante con necia puntualidad, haciendo del clima una primavera y un verano celosos porque no ceden el paso a otras estaciones. Enamorado de su terruño, Enrique Félix lo llena de piropos:

Algo de la maravilla elemental del paraíso del Génesis lejano se advierte en mares y montañas. Una luz primitiva, fuerte, primaria, inunda hombres y cosas en este bello rincón del Pacífico, geográficamente cerrado en un trapecio de la más pura claridad [...] En Sinaloa todo está suspendido en cendales de luz excesiva, desbordante, vital, que reverbera en ondas sigilosas pero capturables.[2]

Antonio Nakayama, un clásico de los historiadores sinaloenses, en su ensayo *Entre sonorenses y sinaloenses. Afinidades y diferencias*, escrito a inicios de los setenta, coincidiendo con lo anterior decía:

Nacido en una tierra donde la precipitación pluvial es más abundante que en Sonora, y que además tiene a su disposición once ríos y numerosos arroyos, el sinaloense nunca ha arrastrado los problemas a los que se enfrenta el sonorense. En Sinaloa [...] la tierra generosa mediante su connubio con la lluvia y la expansión de las corrientes fluviales hizo que los habitantes se proveyeran de alimentos sin grandes esfuerzos, y este *laissez faire* [...] tornó al sinaloense en indolente, despilfarrador y jacarandoso, y así vemos que al finalizar las siembras, y si la cosecha ha sido buena, la magia de la tambora se desgrana tumultuosa por los pétalos de la rosa de los vientos.[3]

---

[2] Castro, *ibid.*, p. 24.

[3] Antonio Nakayama, *Entre sonorenses y sinaloenses. Afinidades y diferencias*, Difocur, Culiacán, 1991.

El prolífico historiador *culichi* coincide con Félix Castro, íntimo amigo suyo, al descubrir la honda huella de los gestos de la naturaleza en el comportamiento de sus paisanos. Pero, además, se anima a intentar una descripción de su personalidad:

> [...] el sinaloense es el extrovertido que muestra su ansia de vivir, de seguir exprimiendo jugo a la vida, así tenga que enajenar la cosecha antes de iniciar la siembra; los poblados son bulliciosos, llenos de ruido, de euforia, y su música folklórica, alegre, retadora, se sube a la cabeza como el buen vino. El desarrollo logrado en Sinaloa no ha alterado en lo más mínimo la conducta del sinaloense, que sigue viviendo en un círculo mágico de tambora, carreras de caballos y mujeres, que también son el catártico para el sedimento acumulado en su psique por las centurias en que transcurrió su aislamiento.[4]

Pero si la cultura profunda sinaloense, tan orgánicamente ligada a la naturaleza y asimilada más por medio de los sentidos que de la reflexión sistemática, ha creado hombres y mujeres espontáneos y frescos, también por la misma razón con frecuencia son violentos como sus huracanes. En Sinaloa las fronteras entre la franqueza y el trato diplomático, la irreverencia y la pronta agresión, suelen borrarse más fácilmente que en otras latitudes. Podría decirse, acercándose al riesgo de las fáciles generalizaciones, que el carácter sinaloense ha sido una cruza de impulsos de espontaneidad, frescura, calidez, severidad y violencia. *El Guacho* Félix decía que "la personalidad romántica de Sinaloa tiene su centro de gravedad en el corazón. La gimnasia de nuestra inteligencia es buena, pero todavía está muy supeditada a la voz dictatorial de nuestra sangre efervescente [...] estamos muy a la intemperie del corazón".[5]

---

[4] *Ibid.*

[5] Enrique Félix Castro, *loc. cit.*

Si se puede hablar de una época romántica del narco sinaloense, al igual que la personalidad de los habitantes de esta entidad, fue la experimentada de los años veinte a los sesenta. En esa etapa, tanto en la sierra como en las ciudades, los hombres y las mujeres que se dedicaban a esa faena, llamados entonces *gomeros*, eran abiertamente conocidos entre amigos, familiares y autoridades, y pocos eran perseguidos y castigados. La mayoría no consumía drogas, utilizaba menos la violencia y su organización era rústica. El mercado era casi exclusivamente estadounidense, adonde se enviaban mariguana y goma de amapola. Todavía no se componían corridos que les cantaran, pero ya se había escrito —en 1967, en Culiacán— la primera novela mexicana de narcos: *Nacaveva. Diario de un narcotraficante*. De igual manera, ya se conocían reinas de belleza sinaloenses que se habían ligado a los capos.

La novela, situada en los años cincuenta, de autor anónimo, es un fiel retrato de la época romántica del narco en la región. Sin embargo, el escritor nos advierte en un apunte introductorio al libro: "...si arriesgué la vida en ello, si perdí el tiempo, si a punto estuvieron mis hijos de quedarse huérfanos, nada importa; lo único interesante en este caso es que te agrade a ti, amable lector..."

En 1957, una de las primeras sinaloenses que llegaron a ser reinas de belleza, Kenya Kemmermand Bastidas, se casó en Estados Unidos con el sobrino de un mafioso italoamericano, Vittorio Giancana. Otra Señorita Sinaloa, Ana Victoria Santanares, fue electa reina de belleza en 1967, el mismo año en que se publicó *Nacaveva*, y poco tiempo después se casó con Ernesto Fonseca Carrillo, el famoso *Don Neto*, capo de los setenta y ochenta, además socio de Rafael Caro Quintero. Ana Victoria y *Don Neto* estuvieron casados durante cuatro años.

En esos tempranos tiempos ya se atraían sin ocultamientos el poder de la belleza y el del narco. En los sesenta, es decir, dos o tres décadas después de que Enrique Félix Castro escribiera sus ensayos más conocidos, Antonio Nakayama encontraba colores muy semejantes a los que su amigo había descubierto en la personalidad sinaloense. A la gente de Sinaloa, decía el historiador, "no los conmueven ni los atraen manifestaciones artísticas, políticas, culturales, ni de ninguna otra índole, salvo aquellas que puedan proporcionarle una catarsis violenta". El oriundo historiador, de padre japonés y madre mexicana, ya se veía impactado por la ascendente presencia de los narcos, abundantemente asentados en la célebre colonia Tierra Blanca de Culiacán, así como en otras poblaciones del estado. Los periódicos de la región publicaban cada vez más notas de las detenciones, los hallazgos de cultivos y algunas balaceras de los *gomeros*. Eran los años de Eduardo Fernández, *Don Lalo*, el *gomero* más importante de esa época, a quien prominentes *culichis* le hacían cola en su casa o en la carreta de mariscos para solicitarle préstamos y favores. En 1966, al ingresar como agente a la Policía Judicial del Estado de Sinaloa, Miguel Ángel Félix Gallardo, quien llegaría a ser el *Jefe de Jefes*, es decir, el primer gran capo mexicano, se integró a la institución ideal para estar cerca de los *gomeros*.

Leónidas Alfaro Bedolla, uno de los primeros novelistas sinaloenses en escribir sobre el tema, en su novela *Tierra Blanca* (1996) justamente ilustra la etapa preindustrial y preglobal del narco de este tórrido y prolífico territorio. La violencia aún no escalaba las alturas demenciales del siglo XXI. Los narcos ya habían convertido a la AK en su amante, pero todavía utilizaban la simple amenaza, los golpes de mano o los cinturonazos para enfrentar a sus enemigos, tal y como recrea Leónidas en un pasaje de su libro:

...De una patada tumbaron la puerta de la recámara y empezaron a tirar todo. Mi amá les reclamó el porqué de aquello y como respuesta recibió un empujón. Un viejo chaparro, prieto y panzón le gritaba:

"¡Ándele, pinche vieja, díganos dónde guarda el cabrón de su marido la mota!" […] después, el viejo chaparro se volteó hacia otro hombre que estaba detrás de Juan Antonio, Fernando y de mí, y le dijo: "A ver, tú, Pancho, dales una cuereada a los cabrones *plebes* pa que vea esta pinche vieja que no estamos jugando". Se quitó el cinto el viejo y nos empezó a dar cintarazos…

Era la época de la mariguana y la *goma negra*, el opio no industrializado porque nadie sabía purificar la droga en Sinaloa, escribe en sus memorias Manuel Lazcano y Ochoa, quien llegaría a ser procurador de justicia del estado de Sinaloa. Él mismo, confesó, tenía amigos que cultivaban la amapola, quienes, vestidos como campesinos, viajaban a Nogales con la goma y pasaban la frontera como si nada. "Al principio —recuerda Manuel Lazcano— la producción entusiasmó a mucha gente, se veía como una actividad de altos rendimientos, como un negocio fácil, algo así como el descubrimiento de una mina de oro. Todo parecía tan sencillo y ajeno a las complicaciones sociales. Muchos se entusiasmaron, sembraron y cosecharon."[6]

Más tarde, a partir de los ochenta, no se puede concluir de modo tan contundente que en estas tierras exista un rechazo absoluto a las bellas artes y a la cultura académica. El explosivo crecimiento de la educación universitaria pública y privada en el estado, que coincidió con el ascenso del narco en los setenta, empezó a modificar, al menos en ciertas capas sociales, gustos, tradiciones y hábitos culturales alrededor de la música culta, la danza, el teatro universitario, la pintura, la poesía, la literatura y la investigación científica. En este núcleo social se encontró por primera vez en

---

[6] Manuel Lazcano y Ochoa, *Una vida en la vida sinaloense*, Talleres Gráficos de la Universidad de Occidente, México, 1992.

Sinaloa un público relativamente amplio para una cultura procreada más a partir de la disciplina, la reflexión y la organización social que de la exclusiva sensualidad de la naturaleza.

No obstante el crecimiento de las ciudades y la penetración en las poblaciones rurales de la cultura urbana de masas que transmiten los medios electrónicos, Sinaloa ha defendido ferozmente su apego a los ritmos y las tonalidades que impone la naturaleza a su cultura, la cual sigue siendo en los gustos y hábitos de las mayorías, incluso de las que habitan en las ciudades, fundamentalmente rural y *bronca*, tan imprevisible como los oleajes del mar, tan sensual y cálida como su eterno verano. Coincide con este análisis Carlos Calderón Viedas, intelectual sinaloense contemporáneo:

> Todo cambio lo ha aceptado [Sinaloa], a cualquier moda se ha adherido, compulsivamente ha estado dispuesta a rechazar la tradición, pero voluntaria e inconscientemente ha seguido atada a su pasado. La sangre caliente le sigue borbotando por las venas y su corazón mantiene el pulso agitado. El sosiego sigue sin llegar a su alma, por lo que la razón aún no encuentra el reposo suficiente para dar todo de sí. La dolencia sentimental que le diagnosticó Enrique Félix continúa causándole estragos en su inteligencia emocional.[7]

Un caso que ilustra cómo la violencia se había extendido fuera del narco en Sinaloa a principios de los setenta es el del movimiento estudiantil universitario autodenominado *enfermo*. Dice el historiador Sergio Arturo Sánchez Parra:

> Se les conoció con el nombre de "enfermos" a quienes entre 1972 y 1978 desplegaron un sinnúmero de acciones (físicas y simbólicas)

---

[7] *Huellas de modernidad en Sinaloa*, Fontamara, México, 2007, p. 194.

con las que intentaban impulsar un programa para la toma del poder en la entidad y el país. Movilización callejera, ataques a instalaciones y predios agrícolas, "ajusticiamientos" de policías e intentos insurreccionales, destacan como parte del conjunto de estrategias que emplearon para lograr sus propósitos organizativos.[8]

Un amplio número de esos estudiantes se incorporó poco después a la Liga Comunista 23 de Septiembre, organización guerrillera de los setenta, pero muchos de ellos también se sumaron al narco.

PERSPECTIVAS PARA INTUIR LA BELLEZA

El ideal de la belleza para los griegos era el desnudo, dice Kenneth Clark, historiador del arte. En su apremio patriarcal, pero de abierto gusto por la belleza varonil y la perfección erótica, los helénicos veían en las esculturas de cuerpos masculinos desnudos una conformación armoniosa que ilustraba divinidad y fuerza. Entre los griegos, la proporción geométrica asumía el carácter de una religión mística: en un torso masculino perfecto, la distancia entre los pezones de los pechos, del filo inferior del pecho al ombligo y de éste a la entrepierna eran unidades idénticas. Los ideales griegos, góticos y renacentistas comparten ciertas similitudes, dice Clark; en las tres escuelas los pies y dedos son anchos, fuertes y vigorosos, y las uñas de manos y pies son cortas y chatas. Alrededor de cualquier variación natural que el cuerpo pueda adoptar y su idealización en una época determinada, se conforma un paradigma

---

[8] *Estudiantes en armas,* UAS/Academia de Historia de Sinaloa, A. C, México, 2012.

de belleza; sin embargo, lo cierto es que las ideas acerca de las formas perfectas, particularmente en los últimos tiempos del siglo XX, pueden cambiar en lo que se pone el sol.[9]

Georg Simmel, filósofo y sociólogo alemán, discrepa de los griegos clásicos cuando opina que la belleza de la mujer le parece superior a la del hombre porque éste se evade de sí y descarga su energía en sus obras "significándose" por medio de ellas como creación o representación, mientras que la mujer se recluye en una concha imperforable en armonía con sus elementos esenciales y de las partes al centro, fórmula justa, para Simmel, de la belleza. Para este filósofo germano, el hombre está obligado a construir su significación mediante las ideas o la elaboración de cosas mientras que "la mujer descansa en su belleza, sumida en la bienaventuranza de sí misma".[10]

Naomi Wolf, feminista estadounidense de finales del siglo XX, en abierto choque con Simmel considera que los hombres han hecho de la belleza "objetiva" de la mujer un fetiche:

Nada de esto es cierto, "la belleza" es una moneda de cambio tal y como lo es el oro. Al igual que en un mercado, la belleza está determinada por la política, y en la época moderna del mundo occidental es el último, pero el mejor sistema de creencias que mantiene el dominio masculino intacto. Al asignar un valor a un modelo físico culturalmente impuesto dentro de una jerarquía vertical, ello no es más que una expresión de relaciones de poder dentro de las cuales las mujeres deben competir innaturalmente por recursos que los hombres se han apropiado para sí mismos. El mito de la belleza no

---

[9] Kenneth Clark, *The Nude: A Study in Ideal Form*, Pantheon Books, Nueva York, 1956.

[10] Georg Simmel, *Cultura femenina. Filosofía de la coquetería, lo masculino y lo femenino, filosofía de la moda*, Espasa-Calpe, Buenos Aires/México, 1938, pp. 7-172.

tiene que ver en lo absoluto con las mujeres. Tiene que ver con las instituciones de los hombres y el poder institucional.[11]

PSICOANÁLISIS Y CULTO A LA BELLEZA

Una visión psicoanalítica del culto a la belleza podría decirnos que en la actualidad tal práctica empieza con el culto de uno mismo, porque con la obsesión moderna, exhibicionista y mercantilista, por los cuerpos y los rostros, es prácticamente imposible que una mujer o un hombre considerados bellos o aspirantes a serlo lo ignoren. Este rasgo cultural de la sociedad contemporánea ha fomentado como pocos el narcisismo tanto femenino como masculino, encarnizándose más en su dictadura con las mujeres. Podría objetarse esta conjetura, pero al menos en apariencia el narcisismo de nuestros días se ha desarrollado más en las mujeres preocupadas por la belleza de sus cuerpos que en los hombres, aunque paradójicamente el sujeto nacido en la cultura griega clásica que sirve como alimento del concepto fuese varón: Narciso, enamorado de su propia imagen, es el mejor paradigma para entender a las reinas de belleza.

Algunos de los principales rasgos del mito de Narciso, escribe Margarita Baz, son: Narciso rechaza a sus enamorados. Al observarse en las aguas de una fuente queda fascinado y enamorado de su imagen. Busca la comunión con la belleza, pero descubre que es la de él mismo. Ante la impotencia para realizar su amor, Narciso muere sobre sí mismo. A esto podría agregarse que en una personalidad narcisista la paulatina desaparición de la belleza corporal y facial provoca una angustia progresiva.

---

[11] Naomi Wolf, *The Beauty Myth. How Images of Beauty are Used against Women*, Anchor Books, Nueva York, 1992, pp. 9-13.

El narcisismo es una fascinación por la imagen y la belleza propias, por el cuerpo y el rostro de uno mismo. En verdad, sin una fuerte dosis de narcisismo no habría tantas reinas de belleza. Sus bellas cualidades, a fuerza de saberse implacablemente observadas, escribió Juan José Arreola, "hacen de la mujer una criatura anómala".[12] Pero el narcisismo, como cualquier otra conducta, se debilita o fortalece según los contextos culturales y sociales en los que nace, es decir, tal psicología se educa, se construye. Gilles Lipovetsky encuentra en Narciso la figura mitológica en la que se reconoce y encuentra la generación de finales del siglo xx, y sin duda la de inicios del xxi. Narciso es el símbolo de nuestro tiempo, dice el filósofo francés:

> Más allá de la moda y de su espuma y de las caricaturas que pueden hacerse aquí o allá del neo-narcisismo…[este] designa el surgimiento de un perfil inédito del individuo en sus relaciones con él mismo y su cuerpo, con los demás, el mundo y el tiempo, en el momento en que el "capitalismo" autoritario cede el paso a un capitalismo hedonista y permisivo, acaba la edad de oro del individualismo competitivo a nivel económico, sentimental a nivel doméstico, revolucionario a nivel político y artístico, y se extiende un individualismo puro, desprovisto de los últimos valores sociales y morales que coexistían aún con el reino glorioso del *homo economicus*, de la familia, de la revolución y del arte…

La educación de la vista, en la actualidad bombardeada de imágenes, componente esencial del narcisismo, inicia la educación de la belleza. El crítico de arte y escritor inglés John Berger, autor de la trilogía llamada *De sus fatigas*, dice en *Maneras de ver:* "Tan

---

[12] Juan José Arreola, "La implantación del espíritu", en Elena Urrutia (comp.), *Imagen y realidad de la mujer*, SEP-Setentas, México, 1979, p. 59.

pronto como nosotros podemos ver, estamos conscientes de que también podemos ser vistos [...] El ojo del otro se combina con nuestro propio ojo para hacer plenamente creíble que somos partes del mundo visible".[13]

Los primeros ojos que nos ven cotidianamente y a veces sin descanso son los de nuestras madres; pueden ser de rechazo o indiferencia, pero lo más normal es que sean de amor. La mirada maternal con frecuencia confunde la belleza con el amor, encuentra que el amor hace la belleza, o sólo encuentra belleza en el amor. Cuando hay una indiferenciación entre la mirada a la belleza y las miradas amorosas de la madre y el padre, la autoestima de la criatura se alimenta positivamente; para el niño o la niña que son vistos amorosamente, no habrá angustia por las características de su físico y sus padres serán los seres más bellos a su alrededor.

Las miradas de aceptación y halago fortalecen la autoestima, pero no ser vistos y más bien resultar ignorados la merman. No ser vistos es como no existir. Sin embargo, ambos, bebés o adultos, vistos halagadoramente o ignorados, dependen de los ojos de otros, unos para reforzar la autoestima incluso hasta el envanecimiento y otros para obtener un mínimo de reconocimiento. En última instancia, de una u otra manera, todos dependemos de los ojos de otros.

EL ENCUENTRO INTERSUBJETIVO:
EDUCACIÓN Y BELLEZA

La educación de la belleza, entonces, se inicia muy tempranamente con las miradas de los padres, los familiares más cercanos y otras personas del entorno inmediato del bebé. Una rápida observación

---

[13] John Berger, *Ways of Seeing*, BBC/Penguin, Londres, 1977, p. 9.

nos diría que los bebés preferidos son los más bellos; los que atraen más halagos, besos, caricias y miradas son los niños bonitos. En México, un país donde la mayoría son morenos, un bebé de ojos claros y tez blanca es considerado más bello que un niño moreno debido a la herencia ideológica y racista de la Colonia. Pero, independientemente del color de los ojos y de la piel, algunos estudiosos de la belleza infantil, como la psicóloga Katherine Hildebrandt,[14] consideran que los niños más bellos son los de rasgos pequeños y estrechos, frentes amplias, ojos y pupilas grandes.

Pero la madre bella y que hace sentir bello o bella al bebé no siempre está cerca de él. No todas las personas le prodigarán la intensidad y la seguridad que les da la mirada de la madre; no todos le dirán que es bello. Las miradas discriminan. Sólo unos cuantos bebés conseguirán miradas confirmadoras de su belleza, aunque no necesariamente le darán la sensación del amor. El amor y la belleza entran por los ojos, pero su aprendizaje no siempre se adquiere con las mismas lecturas. El amor tiene la gracia de encontrar diferentes criterios; la belleza física depende de lo que le digan los ojos, o si acaso, las manos. Otros dirán que ven la belleza y alimentarán la vanidad, pero difícilmente le ayudarán a quererse y a querer a otros a plenitud.

Las mujeres y los hombres que no recibieron miradas de amor cuando recién gateaban por la vida probablemente buscarán la confirmación de su belleza no en los ojos de quienes los amen, sino en los espejos. "Las mujeres hoy en día —dice la escritora Nancy Friday, autora de numerosas obras sobre la naturaleza femenina— buscan espejos por todas partes, cambiando nuestras ropas y estilos, el color del pelo más frecuentemente que las estaciones

---

[14] Katherine Hildebrandt e Hiram E. Fitzgerald, "Facial Feature Determinants of Perceived Infant Attractiveness", *Infant Behavior and Development*, 1979, 2, pp. 329-339.

del año, desesperadas por una fotografía de nuestro fuero interno con la que podamos vivir."[15]

El cuento de "Blanca Nieves y los siete enanitos", escribe Friday, es probablemente la descripción más universalmente conocida del poder de los espejos en la vanidad de la belleza femenina. Es una historia sobre la apariencia y la identidad de las mujeres: hay pocos personajes de la literatura tan conocidos que exhiban tal delicadeza, inocencia, bondad y belleza, atributos de la feminidad tradicional, como las de Blanca Nieves, quien es juzgada, metafóricamente, por los valores del espejo de la madrastra. Nadie mejor que un espejo, es decir el ego propio, para calificar la belleza, incluso la de las demás.

No obstante, puede concluirse sin muchos titubeos que las primeras lecciones de la belleza las dan los padres y más particularmente la madre. Si es cierta la opinión del psicoanalista Santiago Ramírez[16] de que en las familias mexicanas hay "exceso de madre y la ausencia del padre"; es decir, hay una falta sistemática del padre en la educación de los hijos e hijas, entonces en México sí se cumpliría la hipótesis de que la madre es la primera gran educadora de la belleza. Las mamás mexicanas dictan los criterios de la belleza y no los padres.

El culto a la belleza personal ha sido, al parecer, una preocupación central de la mujer en Sinaloa desde los tiempos de la Colonia. Probablemente uno de los tejidos culturales que más han unido a las sinaloenses de todas las condiciones sociales, en particular en los siglos xx y xxi, ha sido la búsqueda de la belleza por medio del vestido, el maquillaje, las modas y, recientemente, del ejercicio y la cirugía estética. Mucho más para las mujeres que para los hombres, el atuendo y la apariencia han sido un sello de distin-

---

[15] Nancy Friday, *The Power of Beauty*, Nueva York, 1996, pp. 31-32.

[16] Santiago Ramírez, *El mexicano. Psicologia de sus motivaciones*, Grijalbo, México, 1977, p. 137.

ción en la sociedad sinaloense, un símbolo de lo que quieren ser. Si el aspecto de la vestimenta tiene la función de buscar la aprobación de los demás, tal como afirman Jean Maisonneuve y Marilou Bruchon-Schweitzer,[17] en las mujeres de Sinaloa, particularmente en las clases medias y altas, se convierte casi en una ley: quienes no cumplen con los valores y gustos dominantes sufren la crítica o por lo menos la indiferencia. Si en estudios llevados a cabo en Europa Maisonneuve y Bruchon-Schweitzer encontraron que las adolescentes más populares son también las mejor vestidas, en Sinaloa todas las edades cumplen con ese veredicto. Vestimenta aceptada y belleza creída constituyen una sólida deseabilidad social.

La vestimenta de las mujeres sinaloenses refleja una educación social menos constreñida y recatada que en otras regiones del país; en pocos lugares de México puede decirse que la vestimenta es una especie de segunda piel. Es "la superficie de proyección" de lo que son, dirían Maisonneuve y Bruchon-Schweitzer, autores de la obra *Modelos del cuerpo y psicología estética*. Sobre todo en las jóvenes y en la costa, y más particularmente en Mazatlán, traduce el lujo de una personalidad atrevida y un cuerpo que se acepta y presume aun cuando no cumpla con los criterios estéticos dominantes. La tesis de que la mujer sinaloense es bella convence psicológicamente incluso a las que no lo sean; es decir, en ellas ser bella o creerse bella es más una actitud que un hecho objetivo universal.

En años más recientes, quizá en lo que va del siglo XXI, se fue desarrollando en el ámbito femenino del narco un estilo singular y propio, aunque después fuese copiado en otros contextos, que se ha personalizado en las llamadas *buchonas*. Ellas son descritas por Marco Núñez González e Ismael Alvarado en el libro *Las jefas del narco*:

---

[17] Jean Maisonneuve y Marilou Bruchon-Schweitzer, *Modelos del cuerpo y psicología estética*, Paidós, Buenos Aires, 1984.

…mujeres de pequeña cintura con anchas caderas de las que se desprenden un par de gruesas y torneadas piernas con potentes nalgas, envueltas por un par de pequeños senos seductores adornados con una cabellera lacia, larga y negra que coquetamente acaricia la espalda… [que calzan] zapatillas de tacón alto, pantalones ceñidos de mezclilla, grandes aretes que adornan sus orejas al mismo tiempo que su cuello —probablemente una balerina sujeta a su cabello lacio y oscuro hasta la cintura que a veces tiene extensiones—, largas uñas postizas, infinidad de pulseras, sugerentes escotes y maquillaje a granel… [y se aderezan] con brillantes y diamantes de distintos tamaños y cantidades…

Las *buchonas* son, quizá, la radicalización extrema de la estética femenina sinaloense y del gusto tradicional mexicano por los cuerpos abundantes en carnes.

Así como las modas en el vestido, arreglos y maquillaje han variado en el tiempo, los gustos por las formas del cuerpo también; sin embargo, hay un rasgo, una inclinación sutilmente invariable en los dictámenes de la belleza sinaloense: se prefiere la piel blanca. Nada extraño ni diferente, en realidad, a los gustos dominantes en el resto de México, pero en Sinaloa se ha expresado en voz y conducta orgullosas, incluso altivas.

En la Tierra de los Once Ríos, como en casi todo el norte del país o en los Altos de Jalisco, para hablar tan sólo de algunas regiones, se presume el predominio de la presencia criolla en sus territorios; sin embargo, salvo notables excepciones de poblaciones chicas donde se localizan grupos mayoritarios de imagen criolla, en la inmensidad del territorio mexicano predomina la población morena mestiza o indígena.

En Sinaloa, por ser una entidad con una población abrumadoramente mestiza entre la que es probable que los habitantes de apariencia criolla sean más que los de tipo indígena, sobre todo al norte de Mazatlán y en la sierra, el rechazo es más bien hacia el tono naturalmente moreno de la piel (porque el adquirido en las playas se percibe de otra manera) que a una cultura, aunque en el fondo sin duda está la falta de aceptación a la apariencia indígena y mulata. Desde los tiempos de doña Isabel de Tobar y Guzmán, el arquetipo de belleza femenina sinaloense es el que más se asemeje a la criollez, entendiendo por tal a la mujer de tez blanca, mediana estatura, cuerpo fuerte y cabello castaño.

Un repaso a las crónicas sociales y culturales de los diarios locales de los siglos XIX y XX obsequia con nitidez y perseverancia el gusto preferente por la belleza criolla, tal como lo muestran Enrique Vega, Iván Hernández y Agustín Lucero, historiadores del Carnaval de Mazatlán, en estos espléndidos párrafos rescatados de *El Correo de la Tarde:*

Vaporosa y rubia, alta y esbelta, Pepita Imaña parece la dulce Ofelia, la bella criatura concebida por el cerebro poderoso del autor de *Hamlet;* vestida de blanco, María Sepúlveda por todas partes se atrae frases de admiración, tiene los ojos negros y alto y majestuoso el talle; es el tipo de mujer soñado en el Oriente, y si en las justas y torneos granadinos hubiera estado, mil lanzas por ella los zegríes hubieran roto. Ahí está Soledad Escovar. Es fama que en Atenas hubo un escultor llamado Cleómenes: para hacer su inmortal estatua necesitó copiar los hechizos y las gracias de las renombradas bellezas de la Grecia; si hubiera visto a Soledad no habría necesitado tanto, bastaría haberla trasladado al mármol y la maravillosa escultura que allá en la poética Florencia arranca un grito de admiración a cuantos la ven no hubiera desmerecido en nada, su espíritu es más bello que su cuerpo.

Vestida de blanco, Laura Galán atrae y subyuga con su fascinadora conversación, su alma es un nido de sentimentalismo y de ternura y su bello rostro es fiel intérprete de su alma. Pasa valsando

Romanita Peña, llena de exquisito espíritu y cuyo noble corazón alberga en su seno levantados sentimientos; con ella se cruza Domitila Cazals, qué perfil tan bello y cuán elegante está con su níveo traje, tan blanco como su hermosa propietaria. Ascensión Vega, cuyo peinado a la griega sienta tan bien al rostro hermoso y expresivo; las dos Koerdell, de tipos teutones y que con pocos años más serán perfectas hermosuras; Rosalva Lavín, de graciosísimo rostro y picaresco y travieso mirar; María, su hermana, parece una bella gitana, de semblante finamente perfilado y admirables ojos [...]. Alta y esbelta, Manuela O'Ryan ostentaba su espléndida belleza, por su corrección se creería que circula en sus venas sangre sajona, y al ver su gracia y su inimitable donaire parece que por ellas circula sangre latina.

Esta nota escrita en el Porfiriato, en 1893, culmina nostálgica:

...al pensar que transcurrirá algún tiempo sin que volvamos a ver valsar a tan admirables mujeres, encierra Mazatlán en su seno a jóvenes bellísimas cuya fama ha traspasado los límites del estado y encontrado eco en Guadalajara y en México: parecen algunas el maravilloso ensueño concebido por un bardo del país de Fingal; Malvina no era más bella que ellas cuando según la poética leyenda de los *Highlanders* conducía al viejo Ossian por las cumbres del Morven.[18]

Las crónicas de las páginas de "Sociales" de los diarios mazatlecos, que bien pudieran ser los iniciadores de ese género periodístico en el país, a lo largo de más de un siglo han reseñado año tras año escenas semejantes donde se ensalza la belleza, particularmente criolla, de Sinaloa.

---

[18] Enrique Vega, Iván Hernández y Agustín Lucero (comps.), *Crónicas originales*, Codetur/Cámara de Diputados del Congreso de la Unión, Mazatlán, 1996, pp. 14-16.

Las imágenes de las mujeres indígenas y mulatas no aparecen nunca como prototipos de belleza ni en la tradición oral ni en la crónica popular sinaloense, salvo en algunas referencias de historiadores de la época contemporánea o de algún poeta como Carlos McGregor Giacinti, varias veces ganador de los certámenes de poesía del Carnaval de Mazatlán, que le escribe a la mujer morena y proletaria en "La muchacha de Escuinapa". Enamorado McGregor rimó que ella:

Era morena y sencilla; verde el mirar, de gitana; cuerpo de junco y palmera, y quince abriles la cara. El lunes la conocí, muy temprano de mañana, en un camión de segunda de Mazatlán a Escuinapa; vestía como se viste la gente que poco gasta... Con esa blusa amarilla bajo la mantilla blanca, morena, de cuerpo lleno, me dijo que se llamaba lo mismo que nuestra madre, la Virgen Guadalupana. Un bello nombre en verdad, ¡Guadalupe, de Escuinapa!

En Sinaloa, probablemente más que en ninguna otra entidad de la República, la educación femenina de la belleza empieza a muy temprana edad tanto en las poblaciones pequeñas de la sierra o la costa como en las ciudades grandes. Es muy frecuente que a los niños y niñas pequeños, pero sobre todo a las niñas, cotidianamente se les *chulee* mucho; desde muy temprana edad se concede un alto valor al atuendo y aliño de las mujeres. En épocas más recientes, se les enseñó a maquillarse para festividades escolares, concursos infantiles de belleza o incluso para fiestas familiares. Cuando las niñas van a la preprimaria reciben sus primeras lecciones en el manejo del lápiz labial, rubor, rímel, delineador y otros afeites. Los perfumes las atrapan más rápidamente y con fuerza, porque adoptan las novedades con prestancia. Los roperos de las niñas de cualquier estrato social acomodan normalmente más prendas que los de los niños; estrenan ropa, lo mismo que zapatos, con mayor frecuencia que los varones. Desde muy pequeñas aprenden a posar ante los fotógrafos con coquetería y profesionalismo. A las mujeres sinaloenses les fascina ser fotografiadas: casi siempre las acompaña la sonrisa aunque en el pasado, quizá hasta antes de los sesenta, eran tan solemnes frente al lente como en casi todas partes. En fin, todos los aditamentos que tienen que ver con el arte de la coquetería son bien recibidos y, como se dice en Sinaloa, bien *procurados*.

Las reinas del Carnaval de Mazatlán anteriores a los años sesenta, probablemente las impulsoras de la monarquía absoluta de la belleza en Sinaloa y por mucho tiempo las únicas *aristócratas* que hubo en la entidad, recuerdan que en su época las sinaloenses se maquillaban más discretamente, los afeites eran menos abundantes y diversos que en las décadas posteriores. Ciertamente en el siglo XVI europeo ya existían los maquillajes, sin embargo, en la entonces puritana América, como llaman comúnmente los estadounidenses a su país, los aditamentos químicos para el rostro femenino se retrasarían en su uso hasta bien entrado el siglo XIX. A partir de la época juarista la sociedad estadounidense ejercerá una creciente influencia cultural en México; en Estados Unidos las mujeres preferían "tener la natural delicadeza de la blancura", protegiéndose del sol con sombreros y sombrillas. "La ternura y la blancura del apio—observaba sarcásticamente la célebre revista neoyorquina *Harper's*— se producen al excluir cuidadosamente de los rayos del sol a la planta mientras crece. Las mujeres se hacen blancas y tiernas mediante un proceso similar."[19]

Tales prácticas, escribe la historiadora estadounidense Lois W. Banner, indicaban el rechazo a usar los cosméticos, que producían un efecto semejante al de los rayos del sol. Las mujeres también eludían la pintura para no ocultar la delicadeza de la piel arduamente buscada

---

[19] Lois W. Banner, *American Beauty*, University of Chicago Press, 1984, p. 41.

con la ingestión de vinagres, yeso e incluso arsénico.[20] Aunque las estadounidenses se polveaban al igual que las mexicanas, raramente usaban el lápiz labial porque dicho producto se asociaba a la imagen de las prostitutas. "Cuando una mujer utiliza colorete —escribió un periodista neoyorquino—, en este país se considera una evidencia *prima facie* de que su carácter es frágil", cita Lois Banner. Sin embargo, todo cambió con el fin de la guerra civil estadounidense (1861-1865); desde entonces, hasta la época reciente del regreso a lo natural en mujeres de las clases medias ilustradas, las damas empezaron a usar todo tipo de cosméticos. La industria de la moda a partir de ese momento comenzó a marcar los gustos y la estética femenina.

En Sinaloa, los tonos subidos del lápiz labial y rubor tardaron en arraigarse pero entre los cincuenta y sesenta del siglo xx se establecieron con fuerza, al grado de que el color de labial preferido era en esos años el rojo carmesí.

LA COQUETERÍA

La coquetería, frecuente compañera de la belleza, tiene muchas maneras de expresarse; no es igual en todas partes. En Sinaloa es menos misteriosa que en regiones muy tradicionales y conservadoras de México pero no deja de ser barroca, compleja, como es en general la personalidad mexicana, aun la norteña.

Octavio Paz dice en alguna de sus obras que la mujer latinoamericana es más coqueta y juguetonamente sensual que la anglosajona porque, paradójicamente, su sentimiento del pecado es más fuerte. En la mujer educada en la cultura católica el sentimiento de culpa cuando se juega con el pecado, cuando éste se proxima o se

---

[20] *Ibid.*

consuma, es más intenso e intrincado que el que sienten las mujeres de cultura protestante. Para una mujer mexicana tradicional, insinuar, sugerir el acto sexual, no importa que no sea próximo ni seguro o que se tenga que esperar al matrimonio, en fin, que sólo esté en la mente, en el deseo de ella, se sabe consciente o inconscientemente que es pecaminoso. Su ruta al pecado es más sinuosa y retardada y, por lo tanto, de más juego y misterio. Mientras tanto se complace con la coquetería, con sentirse admirada y deseada.

La mujer sinaloense en particular ha asimilado con arraigo la invitación tanto a agradar al gusto del hombre como a desafiar la competencia tradicional y conservadora de la mujer. La coquetería es menos pasiva que la de, digamos, las mujeres mexicanas de la meseta central del país. Si la coquetería consiste, como dice Georg Simmel, en buscar y lograr el agrado y el deseo "por medio de una antítesis y síntesis típicas, ofreciéndose y negándose simultánea o sucesivamente, diciendo sí y no 'como desde lejos', por símbolos e insinuaciones, dándose sin darse, o, para expresarnos en términos platónicos, manteniendo contrapuestas la posesión y la no posesión, aunque haciéndolas sentir ambas en un solo acto",[21] entonces la sinaloense la maneja con donaire y maestría.

Élmer Mendoza, el escritor oriundo de Sinaloa más reconocido de la actualidad, habla de este culto a la belleza a través de Lizzie Valdés, uno de sus personajes en la novela *Nombre de perro*, situada en Culiacán y Mazatlán: "...dicen que la clave para ser feliz es una buena vida pero no es cierto, la clave es verse bien, mantener la figura es un sacrificio y cuesta, pero vale la pena".

En la época actual, más que en ninguna otra, el cuerpo metaforiza lo social y lo social metaforiza el cuerpo, dice David Le Breton;[22] es

---

[21] Simmel, *op. cit.*, p. 63.

[22] David Le Breton, *La sociología del cuerpo*, Nueva Visión, Buenos Aires, 2002, p. 73.

decir, en nuestro caso, que el cuerpo femenino sinaloense traduce la extendida importancia que se le otorga a la imagen bella en la cultura regional, lo que explica que en las principales ciudades de la entidad haya aparecido con mucho vigor la artificialidad estética por medio de la cirugía plástica en los senos, abdomen, rostro y glúteos.

En su obra *El lado oscuro del hombre*, Michael P. Ghiglieri argumenta que el instinto sexual impulsa a muchos hombres a exigir que "las mujeres busquen continuamente la manera de parecer más jóvenes". El acelerado crecimiento de la industria de la cirugía estética parece derivado de ello, la cual "ayuda a las mujeres a mentir acerca de su edad (y otras imperfecciones) con el objeto de despertar el deseo de los hombres".

En esta etapa, donde interviene el bisturí y por lo tanto la artificialidad, el cuerpo se convierte en un objeto, prácticamente en una mercancía. La naturalidad se aleja, la espontaneidad genética se ve desviada y la intervención tecnológica vence la frescura de la personalidad nativa.

Según diferentes médicos del estado, las cirugías estéticas cobraron auge a finales de la década de los ochenta, pero entre las adolescentes es una moda más reciente. En un reportaje publicado en la ciudad de Guamúchil por el diario *Debate* el 11 de noviembre de 2012 se leía sobre el auge de las cirugías, citando a una chica:

Como regalo por su mayoría de edad, Marisa (nombre ficticio) pidió realizarse una cirugía estética que le permitiera lucir un mejor cuerpo. La adolescente se hizo una lipoescultura [le quitaron grasa del abdomen para aumentarle los glúteos]. "Me quiero ver bien ahorita que estoy joven, porque es cuando uno puede lucir la ropa." Confiesa que sintió un poco de miedo por los riesgos que implica la cirugía, pero la emoción por lucir la silueta fue más grande. "Me gustó cómo quedé y estoy tan conforme que me puedo hacer otra." Con una sonrisa Marisa simplemente dice: "Es algo que está muy de moda". Y es que quien se somete a una, regularmente busca otras cirugías más.

Por otra parte, Verónica, una mujer de veintinueve años y con tres hijos, le revelaba a la reportera que tiene meses ahorrando para reunir cincuenta mil pesos que le costaría la operación.

"Tengo tres hijos, el estómago me quedó lleno de estrías y quiero que me quiten todo eso y me pongan un poco de nalgas." Acepta que con ese dinero podría resolver otras necesidades, pero está aferrada a mejorar su aspecto físico cuando en realidad prácticamente ni lo necesita. "Sé que podría arreglar mi casa con esos cincuenta mil pesos, pero la casa no tiene fin y me voy a operar para sentirme bien conmigo misma, es algo que quería hacer desde hace mucho."

Los cirujanos de Sinaloa estiman que por lo menos la mitad de las mujeres que acuden a ellos para hacerse una liposucción o lipoescultura son adolescentes que llevan la autorización de sus padres. En las ciudades grandes de Sinaloa como Mazatlán, Culiacán y Los Mochis es donde hay mayor fervor por las cirugías.

LA MIRADA

Un rasgo clásico de la coquetería es mirar con el rabillo del ojo y la cabeza ligeramente torcida hacia el hombre que busca conquistarse o que simplemente se rindió ante los atractivos de la mujer; tal acto dura lo que un suspiro. Es furtivo, precisa Simmel, y ése es precisamente su encanto.

La mujer sinaloense tiende a ver más de frente, incluso busca la mirada masculina para comprobar que la admiran, y con frecuencia simula menos pero sin olvidar el misterio. Su risa, en los recovecos del coqueteo, suele estallar estentóreamente si va acompañada de otras mujeres, como venganza por la, por lo común, mayor agresividad piropeadora del hombre. Entre las generaciones más recientes, no pocas muchachas han aprendido a ser ellas, siempre y cuando anden en bola, las que lancen elogios a los hombres. Su espontaneidad se expresa en el habla, el cuerpo y la mentalidad; quizá por eso sus movimientos corporales son más resueltos, libres, menos convencionales, quizá estridentes y a veces bruscos.

El movimiento ondulatorio de las caderas es, además de un clásico, la acción física que más imanta la mirada masculina. En esta acción de las caderas está la misma esencia de la coquetería: un sí y un no. "Sé que me ves, pero yo no te veo."

LAS ZAPATILLAS ALTAS

A partir de los años veinte del siglo xx, los movimientos cadenciosos de las mujeres en el mundo occidental se hicieron más sensualmente lentos cuando se adoptaron las zapatillas de tacón de aguja. La necesidad de mantener el equilibrio las obligó a dominar el paso lento y sinuoso; pero además el tacón alto y filoso, por imperio de las leyes físicas, le dio mayor firmeza y redondez a las nalgas, auxiliando a las mujeres que deseaban más prominencia en esa zona del cuerpo. Bernard Rudofsky, sociólogo estadounidense de la moda, dice que una mujer no es considerada seductora y sofisticada a menos que rinda su libertad locomotora ante un calzado impráctico.

Al privarse de un paso seguro —dice el autor—, ella se convierte en una hembra irresistible. Las mejillas se sacuden, los pechos se agitan, el cuerpo se alenta y brinca. El abdomen resalta, el contoneo se hace incisivo, es deliciosamente femenino... Toda mujer sabe que usar zapatillas altas o "calzado sensible" pone un obturador en la pasión de los hombres. El efecto de estos absurdamente imprácticos zapatos es tan intoxicante como un elixir de amor.[23]

El caminar forzado al que se someten las mujeres con las zapatillas de aguja, prosigue Rudofsky, parece gratificar ocultas necesidades psicológicas y culturales. Con ellas los pies, las piernas y las nalgas se tornan en objetos de adorno particularmente firmes y deseables, pero al mismo tiempo contribuyen al desamparo y a la dependencia de la mujer debido al desequilibrio frágil en que se encuentra, levantada sobre diez o quince delgados centímetros. Este calzado hace más coqueta a la mujer porque le da un poco más de volumen a sus glúteos, pero sobre todo le otorga una apariencia de mayor fragilidad al permitirle únicamente dar pasos más cortos e inseguros, los cuales a su vez sugieren delicadeza, refinamiento, seducción y modestia. Tal aparente fragilidad despierta el atávico deseo masculino de proteger, concluye el autor.

En los municipios norteños, de Culiacán hacia arriba y en la sierra, han perdurado más que en la región mazatleca, donde las mujeres buscan un poco más de comodidad en sus atuendos (aunque en el norte del estado dirían sus mujeres que las mazatlecas son más *cuachalotas*, es decir, descuidadas en el arreglo). Las sinaloenses, como seguramente muchas mujeres en otras partes del mundo, consideran que las zapatillas altas son más elegantes, más formales y por eso las calzan, pero en realidad tales zapatos complementan perfectamente su culto a la belleza, a la seducción y a la feminidad culturalmente creada y establecida.

---

[23] Bernard Rudofsky, *The Kimono Mind*, Doubleday, Nueva York, 1965, p. 46.

Thorstein Veblen pregunta en *Teoría de la clase ociosa* si puede haber algo más frívolo que estar permanentemente al tanto de las "últimas particularidades del vestir, la decoración, de los accesorios", y afirma que el interés en la moda es incompatible con las exigencias del trabajo, así que, dice, la mujer que se atreve a lucir zapatillas de aguja se condena al ocio. Faltó que este influyente investigador en los estudios del turismo y la moda conociera Sinaloa para darse cuenta de que aquí las mujeres son capaces de trabajar diez horas diarias subidas en zapatillas con una frágil aguja de diez centímetros y que incluso pueden desfilar con ellas sobre el pavimento de las calles durante cuatro horas sin descanso, como sucede en el Carnaval de Mazatlán o los desfiles cada 16 de septiembre y 20 de noviembre.

Con zapatillas o sin ellas, la sinaloense se contonea menos que una jarocha o que una caribeña, quizá porque sus caderas menos voluminosas no se lo permiten; más bien tiende a respingarlas y a inclinar levemente el tronco hacia adelante o caminar enhiesta, sobre todo si está en una celebración, posando para una fotografía o en una pasarela. En estos casos es común que levante el mentón y el cuello luzca más elegante, particularmente cuando se recoge el cabello como bailaora de flamenco.

Las zapatillas altas, coinciden alumnas de la Universidad Autónoma de Sinaloa, les dan poder sobre los hombres. Paradójicamente la fragilidad de las agujas les da más seguridad. Con ellas se sienten más observadas y deseadas; son un frágil objeto que brinda gran poder, un fetiche imprescindible de la seducción.

LA PRODIGIOSA HABLA CORPORAL

Se ha dicho mucho que los mexicanos del norte son *broncos*, arrebatados, aventados y respondones; tal observación es bastante cierta si los comparamos con los habitantes de otras regiones del país. Esa personalidad *bronca* quizá esté mejor representada en Sonora y Sinaloa que en ninguna otra parte. Tal comportamiento se expresa en diferentes campos y situaciones, y una de ellas es la gestualidad y uso de su cuerpo.

El cuerpo de la belleza sinaloense es muy comunicativo. Los halagos masculinos de propios y extraños al físico de las mujeres coinciden en decir que sus mayores atractivos están en las piernas, la cintura y las nalgas.

"Unas piernas hermosas", anota entusiasmado el escritor español Antonio Álvarez Solís, "redimen un talle corto e incluso chato, salvan un rostro vulgar, rescatan unas manos torpes, inventan una mano gentil donde ciertamente no la hay, justificando un pecho sin gallardía... las piernas constituyen el prólogo de la amistad, la certificación del amor, el salvoconducto del deseo, la firma de la fantasía erótica".[24]

Vistas por detrás o por delante, desnudas o cubiertas delicadamente, las piernas de las sinaloenses generalmente lucen bien: delgadas, gruesas o en su punto exacto, con necia frecuencia armoniosas. Generalmente medianas y altas para los promedios mexicanos de estatura, son dueñas, por lo tanto, de piernas largas, además de fuertes y bien dibujadas.

Tienen unas nalgas muy expresivas, alegres, firmes, generalmente bien redondas y respingadas; son beligerantes e invocadoras. Francisco Umbral, otro arrebatado escritor español, bien podría regalar sus adjetivos a las sinaloenses cuando dice que hay "culos cereales y eternos, apaisados y teológicos, juveniles y pétreos". Ellas saben muy bien de su opulencia trasera, por lo que usan comúnmente prendas que no intenten desdecirla.

---

[24] Antonio Álvarez Solís, "Las piernas: ¿cómo eran sus ojos?", en VV.AA., *Verte desnuda*, Biblioteca Erótica, Temas de Hoy, Madrid, 1992, p. 39.

Su cuerpo generalmente transmite seguridad, no huye de la cercanía corporal en el saludo, la plática o el baile. La danza de la tierra de Lola Beltrán al compás de la tambora es la mejor demostración de la aceptación del cuerpo. No hay distancia, es decir recelo, al cuerpo masculino: se acepta la cercanía íntima de la pareja. No se prohíbe el roce, la caricia danzante, ni el aroma y sudor masculinos.

El estilo regional en el baile no ofrece la cadencia caribeña o carioca aunque sí un intenso movimiento de las caderas, porque es más brusco; como su música, como su carácter, pero es franco y enérgico. La famosa quebradita es, sin embargo, la teatralización dancística del estilo de Sinaloa, es un extremo coreográfico y comercializado al que llevaron las *neobandas* el gusto por la intimidad y el ritmo de los hombres y mujeres de la región.

Las cinturas de las sinaloenses, como las de las hijas de Alá, son insistentemente ístmicas: gozan de un espléndido desnivel, donde fingen una tierna fragilidad, rauda y gozosamente negada por el incomparable magnetismo de sus caderas felices. La brevedad de su cintura y la fortaleza bien recortada de las piernas y glúteos bien pueden hacer olvidar un bello rostro. El don del talle/caderas se basta a sí mismo para vencer otras partes competitivas del cuerpo femenino, pero en el centro del istmo es común que las mujeres *del sauce y la palma* ofrezcan un vientre tallado con arena de mar y sol, y en su centro un inspirado beso de Venus, anular, cóncavo y hondo. En una de sus obras maestras, *El ombligo como centro erótico,* el maestro Gutierre Tibón nos dice que "en el *Cantar de los cantares,* atribuido a Salomón, el ombligo perfecto debía ser anular, cóncavo y hondo; su primor y su gracia dependían de su redondez y hondura".[25]

---

[25] Gutierre Tibón, *El ombligo como centro erótico,* FCE/SEP, Lecturas Mexicanas 16, México, 1984, p. 27.

LA VESTIMENTA

La mujer sinaloense, y en general la del Noroeste, oculta menos sus formas corporales que las de otras latitudes mexicanas; singularmente, en la costa sureña de Sinaloa se cubre menos, y también *unta* más su ropa al cuerpo. Este gusto no es reciente, data de un tiempo antiguo. La mujer indígena de estas tierras no necesitaba cubrirse mucho antes de la Conquista, pero incluso la criolla y la mestiza de mediados del siglo XIX tampoco lo hacía como sus antepasadas de la Colonia. Henry Halleck, personaje poco conocido en la historia local pese a haber sido, como resultado de la invasión estadounidense a México en 1847, gobernador provisional (por cuatro meses) de Mazatlán, escribió en su diario de guerra, poco antes de la invasión al puerto, acerca de la belleza de las mujeres noroestinas y sus vestimentas:

> ...una muchacha de aproximadamente catorce o quince años tenía un rostro y una magnífica figura que la habrían hecho una reina en cualquier país [...] [En el hogar de esta muchacha había cinco entre los catorce y diecinueve años, muy bonitas,] de rasgos muy españoles, sin ninguna mezcla de sangre india, tenían unas formas que las reinas podrían envidiar. Usando vestidos sin mangas y escotados como nuestras bellezas en el país cuando desean exhibir sus encantos en el salón de baile [...] estas bellezas de Pescadero, en sus simples batas de percal y brocados de algodón y adornos de huesos de ballena, nos presentaban figuras adorables...[26]

---

[26] "Manuscrito de Henry Halleck sobre la campaña de la Flota del Pacífico de Estados Unidos en la guerra con México de 1847-1848", Documentos del despacho de abogados de Henry Halleck, Biblioteca George Bancroft, Universidad de Berkeley, California.

Se ha generalizado la creencia de que las sinaloenses, particularmente las del centro y norte del estado, no se caracterizan por poseer senos que a distancia identifiquen abundancia; es cierto, esos altozanos del paisaje femenino no son, por su tamaño, la característica más llamativa, aunque cuando los hay, lucen soberbios, sembrados en un talle largo y bien ensamblado en unas piernas impecables.

Las lomas de miel sinaloenses encajan perfectamente dentro de los dictados de las modas contemporáneas de belleza del mundo occidental, que exigen brevedad, pero independientemente de las imposiciones imperiales, lo cierto es que la firmeza y energía de los cuerpos noroestinos de México, también reproducidas en sus discretos pechos, completan una armonía muy del gusto nacional. Ha sido en los últimos años que, dicen unos, por los gustos dominantes de los narcos, cada vez más jóvenes buscan agrandar sus senos por medio de la cirugía: *Sin tetas no hay paraíso,* reza el título de un libro sobre las mujeres relacionadas con los capos en Colombia. Sea por el gusto de los narcos o no, lo cierto es que la demanda de implantes ha crecido sin reposo en Sinaloa, particularmente en Culiacán, la ciudad que más genera símbolos culturales del narcotráfico mexicano.

LA CONFORMACIÓN DEL ESTILO PROPIO

Si bien las sinaloenses han sido educadas en la tradición católica iberoamericana y por lo tanto comparten el sentido de la culpa y el pecado de esta cultura que las hace más recatadas en las relaciones sociales, incluso sexuales, en comparación con las mujeres de otras latitudes, ello también les ha permitido una conducta más sensual, gozosa e independiente en la que el coqueteo se da mediante la vestimenta y el arreglo.

La educación católica siempre ha condenado y reprimido la sensualidad y el erotismo —en la actualidad con menos rigor e influencia—, pero en Sinaloa su adoctrinamiento fue menor que en gran parte del país. Los severos frenos morales y castigos físicos y psicológicos del catolicismo tradicional tuvieron en la región un menor respaldo de la población civil y particularmente de sus mujeres; ellas y los hombres bien pueden suscribir la siguiente tesis de Élisabeth Roudinesco: "A la inversa de los místicos, que hacían de su cuerpo el instrumento de la salvación de su alma, los libertinos, los insumisos y rebeldes, ambicionaban vivir como dioses y en consecuencia liberarse de la ley religiosa, tanto a través de la blasfemia como de las prácticas voluptuosas de la sexualidad".[27]

En realidad ni los más tradicionalistas católicos sinaloenses o de otras religiones cristianas de cuño protestante, relativamente recientes, son tan conservadores en la práctica de los ritos religiosos en sí como en sus efectos sociales y culturales cotidianos tal como se observan en otros estados de la República.

Las beatas sinaloenses, sobre todo las porteñas, en su comportamiento social y tolerancia a otros hábitos en las costumbres, podrían ser vistas como *comecuras* jacobinas en Aguascalientes, Guanajuato, los Altos de Jalisco, Puebla, Tlaxcala y otras zonas de fuerte arraigo católico; las mismas mujeres de los Testigos de Jehová o de La Luz del Mundo en Sinaloa pueden escandalizar a los feligreses de sus iglesias en otros estados por sus vestidos más ajustados y seductores aromas. En esta atmósfera de menores prohibiciones y severidad, y por lo mismo de mayor tolerancia a la diferencia y a la independencia de las personas, las sinaloenses han podido expresar con soltura y alegría el gusto por sus cuerpos: de la mayor autonomía de su temperamento nace la mayor libertad física de las

---

[27] *Nuestro lado oscuro*, Anagrama, Barcelona, 2009, p. 49.

mujeres de Sinaloa. De hecho, este gusto es una rebelión contra una cultura que detesta los goces carnales; no en balde cualquier celebración de la admiración corporal ha sido mal vista y condenada por los defensores del conservadurismo religioso, cualquiera que sea su signo. Para muestra de ello, valga recordar cómo los obispos y curas de Mazatlán se oponían a que las damitas de *buenas familias* fueran candidatas a reinas del carnaval, no tan sólo porque las muchachas fueran a exhibir desnudeces del cuerpo —como sí lo harían posteriormente las candidatas a misses—, sino porque en sus campañas tenían que entrar en contacto con muchos hombres, lo cual no era bien visto. En el fondo, lo que el tradicionalismo religioso prohibía era la admiración de la belleza física de las muchachas, que en última instancia sutil o abiertamente incitaba al deseo. La irresistible costumbre de rendir honores y admiración a la belleza de la mujer molía cualquier resistencia: a ello contribuyeron mucho los sinaloenses, de manera singular los pobres, los *pelados*, como en Mazatlán los del *muey*, que a lo largo de la historia han mostrado su debilidad por la irreverencia. *El Correo de la Tarde*, estupendo periódico mazatleco, insustituible para conocer importantes pasajes del Mazatlán porfiriano, año tras año daba a conocer sus quejas y las de las familias ricas por el decaimiento que acarreaba el carnaval en las buenas costumbres del puerto. En 1893 lamentaba que

…no sólo [daba] al traste con todas las consideraciones sociales, sino que también [era] causa de punibles abusos que en otro caso serían castigados con severidad. Lo que una mujer digna no permitiría en circunstancias normales, lo tolera, aunque sea contra su voluntad, durante esas horas en que todos solemos olvidarnos de las consideraciones que prescribe la más rudimentaria galantería.

En 1888, un compungido editor de *El Correo de la Tarde* se quejaba de que: "...el sexo feo se considere con entera libertad para posar sus toscas manos en el delicado rostro de las bellas y... otros abusos que dejamos en el tintero".[28]

En efecto, los paisanos de Pedro Infante son poco solemnes e irreverentes y mucho menos prohibitivos con las mujeres para que éstas luzcan sus encantos, también son menos agresivos para piropear a alguna que en las demás regiones mencionadas, y los padres son más tolerantes con las vestimentas de sus hijas. La personalidad del sinaloense es más grandilocuente, estentórea e incluso más violenta hacia sus pares que en otras latitudes, pero no necesariamente más machista con las mujeres. En todo caso, para desagravio de las feministas de la región, habría que decir que son igual de machistas pero no más que los defensores de esta extendida tradición mexicana en otras partes del territorio nacional.

A la sinaloense le gusta adornarse en abundancia, sobre todo en los municipios norteños, de Culiacán para arriba. En el sur, en Mazatlán y sus alrededores, las modas casuales, deportivas e informales tienen más aceptación; ellas son más versátiles y menos tradicionales en su vestimenta. En el conjunto del estado, las zapatillas altas, maquillajes abundantes y ropas formales son prácticamente una ley en la mujer que trabaja o va a una reunión pública, y esto no es exclusivo de las clases medias y ricas ni de las habitantes de las ciudades, sino también de las damas proletarias y del medio rural. En cualquier fiesta principal del pueblo las mujeres estrenarán ropas y zapatillas, así disminuya su dieta o el gasto en otros menesteres del hogar. Las fiestas de graduación de secundaria, preparatoria, estudios superiores o carreras técnicas son un verdadero banquete de ventas por el arreglo femenino; las costureras hacen su agosto

---

[28] Vega, Hernández y Lucero, *op. cit.*, pp. 7 y 17.

en los periodos de graduaciones. Las fiestas de fin de estudios son un verdadero rito y un gran acontecimiento, en particular para las mujeres, que les lleva meses y en ocasiones hasta más de un año diseñar y organizar. Arturo Lizarraga, sociólogo nayarita avecindado desde hace mucho tiempo en Sinaloa, escribió en su ensayo "Hay que darle gusto al gusto":

> ... las fiestas tradicionales son de las costumbres que con mayor nitidez retratan a los sinaloenses, ya que, producto del imaginario colectivo, son el escenario en el que más cómodos se sienten y, por lo tanto, donde mejor se manifiestan... [En ellas] las muchachas con sus mejores galas pasean, en la tarde, dando vueltas por la plaza. De entre ellas saldrá la reina, depositaria de la soberanía del pueblo durante esos días, quien hará un recorrido por las calles del lugar, arrojando confeti y serpentinas.[29]

Las mujeres y hombres de Sinaloa, con fiestas o sin ellas, tienden a entrar en confianza con otras personas de manera rápida y abierta. En otros rumbos del país tal conducta es bien ponderada entre los hombres, aunque con frecuencia sorprende en contextos culturales reservados; sin embargo, esta misma manera de comportarse de las sinaloenses no es tan bien recibida, sobre todo entre damas de otras regiones. Se desconfía de ellas; se cree que son demasiado coquetas. La mayor llaneza de su arquitectura psicológica, sin barroquismos o churriguerismos, las lleva a soltar más fácilmente la sonrisa y hasta la carcajada abierta o a comunicar lo que en otro lugar son confidencias. La vestimenta femenina, particularmente la del sur costeño del estado, es más reveladora de las formas y par-

---

[29] Arturo Lizarraga, "Hay que darle gusto al gusto", ensayo ganador del segundo lugar en el Primer Concurso Estatal de Crónica del Cobaes, Culiacán, 1997, pp. 51-82.

tes corporales, la mirada es más directa, las mujeres tienen menos temor al contacto corporal en las relaciones familiares o amistosas; se despreocupan del vocabulario altisonante, lo cual hace a algunos creer, cuando no se les conoce, que acceden con más prontitud a los apetitos masculinos que las de otras partes del país, cuando no necesariamente es así. En realidad estas mujeres, con su estilo propio, son maestras en el arte de decir al hombre sí y no a la vez.

Otros de los recursos de su coquetería son los aromas, sus olores. Salvo las mujeres de ardua faena en el campo y la ciudad, las sinaloenses, al margen de su condición social —proletarias, clasemedieras o burguesas—, se afanan por envolverse en aromas atractivos. En una tierra tórrida y humedecida por las sales marinas sucede lo que cita David Le Breton en su libro *Antropología del cuerpo y modernidad* y que firma Hellen Keller: "En el perfume de las jóvenes hay algo de elemental, algo que viene del fuego, del huracán y de la ola marina. Es posible sentir las pulsaciones de la fuerza y del deseo de vivir".[30]

Simmel piensa que las mujeres muy dominantes son también muy coquetas. Entre las sinaloenses, quizá por las menores trabas psicoculturales a que están sometidas, aparecen con más frecuencia, al menos en ciertos contextos, las mujeres dominantes, por lo que de ser cierto lo anterior, entonces su coquetería sería más fuerte o insistente. Para animarse a participar en concursos de belleza, de alguna manera tienen que estar convencidas de ser físicamente atractivas, y en consecuencia actuar más coquetas; estos certámenes, que proliferaron en Sinaloa en las últimas décadas del siglo xx, revelan a mujeres generalmente muy decididas a gozar la vanidad de ser vistas, observadas centímetro por centímetro. A todas luces

---

[30] Le Breton, *Antropología del cuerpo y modernidad*, Buenos Aires, Nueva Visión, 2002, p. 113.

muchas son de personalidad dominante, y si no lo son antes de los concursos, la constante exhibición, el trato continuo con mucha gente las transforma, las pone en la necesidad de dominar escenarios pletóricos de observadores.

Desde muy pequeñas, las mujeres en Sinaloa participan en concursos de reinas infantiles o por lo menos crecen en ese ambiente, lo cual les va formando una personalidad condicionada a los ojos escrutadores que las desinhibe para escenarios mayores o las fortalece para los constantes encuentros con ambientes o personas desconocidas. Toda reina de belleza sabe que su vocación es ser observada, por lo que debe saber manejar sus inseguridades; podría poseer muchas en otros terrenos, pero en el de la competencia de la belleza obligadamente tienen que ser menores.

El culto a la belleza en Sinaloa se inicia a tierna edad con un adiestramiento minucioso y sistemático a las niñas. Todo club social y deportivo, prácticamente todas las escuelas públicas y privadas, de párvulos o universitarias, empresas, oficinas gubernamentales, barrios, en fin, casi cualquier tipo de agrupación social tiene sus reinas, como todas las clases sociales y edades en este territorio; cada año, particularmente en los meses de febrero, marzo, abril y mayo, se coronan miles de ellas. No se discrimina a nadie. La monarquía de las reinas de belleza es absoluta.

LA MADRE DE LAS REINAS SINALOENSES: DOÑA ISABEL DE TOBAR Y GUZMÁN

Al menos desde la recreación poética de Bernardo de Balbuena en el siglo XVI, cuando se habla de la mujer sinaloense se resalta su belleza por encima de cualquier otro atractivo. Balbuena, quien fue llamado por intelectuales de su tiempo "el primer gran poeta de América", dijo de doña Isabel de Tobar y Guzmán, mujer criolla descendiente de los conquistadores de la villa de San Miguel Culiacán, que era "...dama de muy raras partes, singular entendimiento, grados de honestidad y singular hermosura que, por cualquiera de ellas puede muy bien entrar en número de las mujeres famosas del mundo y ser con justo título celebrada de los buenos ingenios".[31]

El aislamiento de la Sinaloa de doña Isabel con respecto a los grandes centros de poder económico, político, cultural y religioso de la Colonia y el México postindependiente le permitió cultivar un carácter claramente diferenciado y un conjunto de prácticas culturales que le otorgaron una personalidad muy propia. La mentalidad sinaloense predominante, que no transita por muchos recovecos ni recurre con tanta frecuencia a filtros y protocolos ni ejercita mucho las pausas y los silencios, se forjó un mayor margen de libertad de conducta frente a cualquier tipo de autoridad, poder y relación de dominio a costa de la introspección y la reflexión. El carácter sinaloense, levantisco y aventado, se formó en estrecha comunión con su naturaleza, predominantemente cálida, lúbrica, y por varios siglos indómita.

En este paisaje cultural y psicológico se forjó un comportamiento de mayor libertad en las costumbres: sobrevivió en ellas un carácter de sutil independencia, reflejado sobre todo en la mirada y el lenguaje corporal. La mirada de las mujeres sinaloenses, que no se oculta y más bien busca el encuentro con la del hombre, es la muestra más fina y al mismo tiempo más profunda de su resistencia a obedecer a plenitud a la cultura dominante, en manos del varón.

---

[31] Citado por Raúl Cervantes Ahumada, "La poesía sinaloense en América", en Ernesto Higuera (comp.), *Antología de prosistas sinaloenses*, Ediciones Culturales del Gobierno del Estado de Sinaloa, Culiacán, 1959, vol. II, t. I, pp. 149-151.

Las reinas del Carnaval de Mazatlán fueron por mucho tiempo el mejor ejemplo de la preferencia por la belleza de la mujer de porte criollo. Nacidas la mayoría de ellas en las familias de las élites porteñas, de origen invariablemente europeo, han refrendado de modo centenario el arquetipo de doña Isabel de Tobar y Guzmán.

En la historia de la cultura sinaloense, como en todas las culturas del mundo escritas a imagen y semejanza del hombre, la mujer sólo aparece tangencialmente, como mera acompañante o adorno del varón, quizá como inspiración y en el mejor de los casos como un mito: el de la belleza. Como Afrodita y como musa.

Doña Isabel, en la pluma de Bernardo de Balbuena, es a la luz de la historia la mítica diosa fundadora de la belleza sinaloense, comparable, decía él, con las más excelsas del mundo. Doña Isabel es la Venus regional, la diosa que para provocar arrebatos tiene primeramente que gustarse a sí misma; la mujer que para verse diosa, bella y seductora, engulle mucho tiempo en el cuidado de su cuerpo, cabello, piel y elección de la vestimenta apropiada. Quien busca que sus movimientos se hagan más cadenciosos y flotantes, que sonríe a menudo con placer.

La mujer seductora, la mujer bella, está enamorada de sí misma porque la adoran, transmite una energía magnética a los hombres que la rodean y los arrebata de amor. La mujer Afrodita esplende, camina sinuosa, sedosamente y emite vapores aromáticos, pero su realidad es sensorial y por lo general respira distante de cualquier tipo de reflexión intelectual. Arrastra una cauda de enamorados y celosas novias y esposas porque posee el terrible poder de la belleza.

La musa posee doble personalidad porque en apariencia se somete a las normas convencionales establecidas por los sexos, pero en su rincón más íntimo busca liberarse de los patrones impuestos por la cultura dominante para dar rienda suelta al oleaje de sus sentidos. Cuando el huracán de la sensualidad la atrapa, se convierte en una sirena irresistible para los hombres pero no entrega sus sentimientos. Cuando se deja llevar por sus instintos sin que intervenga ningún cálculo o razonamiento, es decir, cuando se ofrece en su naturaleza pura, ningún hombre es capaz de resistirla: los seduce no porque quiera enamorarse de ellos, sino porque busca ser adorada y admirada.

Esta mujer hurta el alma de los hombres pero presume imperturbabilidad. Los hombres creen sentirse favorecidos con su gracia, aunque ella en realidad sólo quiere probar su poder: si se obsequia será apenas fugazmente. Sin embargo no es una cualquiera, tan sólo encarna el espíritu más puro de los sentidos; es, de alguna manera, la venganza de la naturaleza sobre el dominio de la cultura del hombre, porque se convierte en la encarnación de sus deseos más profundos.

En la actualidad, esta mujer adora el espejo, la fotografía y Facebook: necesita verse de manera incesante para comprobar su belleza y su gusto por sí misma; sin embargo, su espejo más caro y veraz son los hombres. Existe como un reflejo de la admiración masculina.

En Sinaloa, la cualidad que más se ha admirado en sus mujeres, cuando ésta se hace explícita —escrita, cantada, esculpida o plasmada en pintura—, es la belleza. Es tierra de reinas y musas. Ningún otro rasgo de su persona es recordado con tanta insistencia como el de sus atractivos físicos: se resalta más su cuerpo que su conducta, más su figura que su personalidad. Se ha alimentado más su faceta de hembra bella, y menos como mujer sabia o santa y maternal. Como en la mayoría de las culturas masculinas del mundo, en Sinaloa difícilmente se podrá encontrar que se aprecien la inteligencia, la iniciativa, la eficacia, el sentido de la responsabilidad, la constancia en el trabajo y la resistencia física femeninas como principales atributos.

En la tradición judeocristiana, más en el pasado que en el presente, se ha cultivado la idea de la mujer obediente, sufrida, tierna, modesta, circunspecta, delicada, paciente, resignada, casta y pudorosa; es decir, la mujer santa. Bella o fea, pero portadora de tales virtudes. Aun sin dejar de exigir estos rasgos conductuales, cuando el hombre en Sinaloa ha hablado de la mujer, destaca sus atributos físicos; lo demás se ha sobreentendido. Se ha impuesto la naturaleza inmediata por encima de lo cultivado.

CAPÍTULO 2

La belleza y los personajes femeninos de Sinaloa

TERESA URREA, LA SANTA DE CABORA

En suelo sinaloense nació otra mujer extraordinaria, mítica en el sentido más exacto de la palabra, la cual es reconocida por varios historiadores como una de las precursoras de la Revolución mexicana y sin embargo no ha sido plenamente celebrada como hija de Sinaloa. Es identificada en la historia mexicana como sonorense porque en el estado vecino vivió casi toda su vida y allí asumió sus dotes de curandera y lideresa social, pero en realidad Teresa Urrea, la Santa de Cabora, nació en el rancho Santa Ana, cerca de Ocoroni, Sinaloa, en 1873. Heriberto Frías fue el primero en inmortalizarla mediante las páginas de su novela *Tomóchic*, publicada en plena dictadura porfiriana, y en los años veinte del presente siglo el incansable historiador mazatleco José Cayetano Valadés escribió la primera historia documentada sobre ella. Teresa Urrea fue una mujer prodigiosa, mágica, pero en Sinaloa escasamente se le recuerda. Cinco años antes de su muerte acaecida en Arizona, Estados Unidos, cuando aún no cumplía los treinta y tres, concedió una entrevista a un diario de aquella región. El párrafo introductorio decía:

Santa Teresa, la patrona de los indios yaquis y curandera del pueblo, está a punto de lanzarse a un viaje alrededor del mundo en busca de sabios enterados que le desentrañen el misterio de sus poderes. Mientras se encontraba en Saint Louis, Missouri, ofreció la siguiente entrevista a la prensa local…

"Tengo veintiocho años de edad. Nací en Sinaloa, México. Mi madre era muy pobre. Se llamaba Cayetana Chávez. Pero mi padre era rico. Su nombre es don Tomás Urrea. No soy hija legítima. Nací cuando mi madre apenas tenía catorce años. Mi padre tiene dieciocho hijos y mi madre cuatro; ninguno de ellos es mi hermano de sangre".

Teresa, poco después de irse a vivir con su padre a Cabora, cuando ya frisaba los diecisiete años, entró en un repentino trance que duró tres meses y dieciocho días. Al recuperar el sentido los lugareños le dijeron que en ese estado había realizado muchos milagros y curaciones. "Vi que si tocaba a la gente [decía la Santa en la entrevista], o la frotaba con polvo y saliva […] se curaba. Ahí me nació el deseo de hacer el bien y luchar por la justicia […] Cuando la gente vio que los podía curar, comenzaron a llamarme 'Santa'; nunca me he creído realmente santa, sólo un simple instrumento del destino."[1]

Es una leyenda para los sonorenses, pero no para los sinaloenses; quizá sea un capricho de quienes al hacer historia o escribir no dibujan o desdibujan la identidad local. Que la justificación para olvidarla sea que tempranamente fue llevada a Sonora no es convincente, porque, por ejemplo, el poeta Gilberto Owen nació casi por casualidad en Rosario, Sinaloa, y vivió prácticamente toda su vida fuera del estado; sin embargo, es reivindicado con orgullo y presunción como sinaloense, no como ocurre con esta mujer extraordinaria. Puede ser que el olvido se deba a una visión masculina de la historia.

---

[1] Brianda Domecq, *La insólita historia de la Santa de Cabora*, Planeta, México, 1990, pp. 366–367.

Teresa Urrea es conocida en la historia de México no tanto por sus dones medicinales y su estirpe chamana, sino más bien por haberse convertido en el símbolo de revueltas populares contra la dictadura porfirista: la rebelión chihuahuense en Tomóchic es irrecordable sin la inspiración de la Santa. Lo que en verdad es curioso y prácticamente desconocido, porque para un historiador de las ideas políticas y de los movimientos sociales es irrelevante, es que Teresa Urrea, la Santa de Cabora, también haya sido reina de belleza.

Entre las vicisitudes de la accidentada vida de la Santa después de la rebelión de Tomóchic en 1891, tuvo que buscar refugio en Estados Unidos. Ahí, algunas amistades, sabedoras de sus poderes curativos, la convencieron de usarlos lucrativamente y montar espectáculos publicitarios alrededor de su imagen; como parte de esta visión mercantilista los estadounidenses le recomendaron que se inscribiera en un concurso de belleza, ya populares en esos tiempos al norte de la frontera, para promoverla con más facilidad. Son raras las fotografías existentes de la Santa pero algunas de ellas revelan una belleza que podría definirse como poco común, no por lo extraordinaria en sí sino por su misticismo; era hija de una india mayo y de un criollo sinaloense de origen vasco; tenía ojos grandes y oscuros de expresión muy serena, casi santificada. Lo cierto es que los gringos la transformaron en una *beauty pageant*. En una carta a su madre, el protector de Teresa en Estados Unidos le decía "… que los directores, para hacer un poco de publicidad [en la gira], han pedido a Teresa que entre a un concurso de belleza [...] Para ello, la han transformado en una hermosura. No creerías el cambio. Estoy convencido de que ganará".

Y en efecto, la Santa ganó el concurso tal como ella misma lo refiere en otra carta a una amiga de nombre Mariana: "Posdata. Por cierto, me gané el concurso de belleza. ¿Qué te parece?"[2]

---

[2] *Ibid.*, pp. 369-371.

Es de suyo extraño que de un personaje de la historia mexicana conocido por su misticismo, magia y simbolismo revolucionario, de repente se sepa que también fue reina de belleza, pero tal función pareciera ser un hado de la mujer sinaloense del que ni la Santa de Cabora pudo escapar.

LOLA BELTRÁN

He aquí otra de las sinaloenses míticas y la más conocida de todas porque es una hechura de la cultura popular de masas. La Lola, como casi todos los grandes mitos y leyendas, murió inesperadamente cuando su estrella no descendía aún. La mujer que hiciera de la "Paloma negra" y del "Cucurrucucú paloma" verdaderos himnos de la canción ranchera, recogía aplausos unánimes por la gracia y poder de su voz, mas no siempre por otras facetas de su vida fuera de los escenarios, tal como le sucede a todo gran mito. Particularmente en su terruño, el Mineral del Rosario, los decires de la gente se dividían cuando se abordaba el protagonismo político de la Lola: se decía que imponía a los presidentes municipales de su terruño, que era la gran cacique; no obstante, los actos masivos de veneración que sus funerales provocaron en la ciudad de México, Mazatlán y El Rosario confirmaron, a pesar de la resistencia de algunos coterráneos, lo que escribió el escritor escuinapense Dámaso Murúa en 1974:

Los rosarenses tienen la convicción de que Lola Beltrán es la prolongación de las glorias del viejo ex Real de Minas... Que Lola Beltrán les trajo nuevamente los perdidos yacimientos de oro y plata que dieron fama a su tierra... Que Lola Beltrán, figura impoluta, prístina, vigorosa y altiva, pero dulce y querendona, es una cuenta diamantina en el evocador Rosario de su leyenda y tradición.[3]

En Sinaloa se decía que Lola era una mujer *plantosa* (es decir, altiva, de presencia destacada), quizá guapota, pero no bonita; garbosa, con estilo propio, impecable en los escenarios pero sobreactuada en la vida diaria. Su hija María Elena Leal dice en su libro *Lola Beltrán, Lola la Grande*, que su madre gozaba de una determinación asombrosa y de una gran agudeza y sensibilidad, la cual se reflejaba en su voz y estilo, y sí, Lola reflejaba en su estilo la personalidad sinaloense pero también en su belleza: lucía más atractiva porque la realzaba su herencia idiosincrásica. Al igual que María Félix, frente a las cámaras o fuera de ellas siempre exhibía una personalidad teatralizada; no había una separación entre la Lola de los escenarios y la que se veía en las calles de El Rosario y Mazatlán. El mismo porte, los mismos ademanes y visajes; la misma manera de caminar en el Lido de París, el Palacio de Bellas Artes o las calles rosarenses. Siempre en el escenario.

LUPITA, LA NOVIA DE CULIACÁN

Las calles del centro de Culiacán tuvieron por muchos años un símbolo que paseaba una mezcla de misticismo y blanca locura: era Lupita, la Novia de Culiacán, la más pura de las hijas del Señor.[4] Lupita, quien nació en Bamayoa, Ahome, el 3 de julio de 1900, entró en un laberinto mental tan íntimo que sólo ella lo podía descifrar. Un día su hijo Daniel le preguntó:

—Oye, amá, ¿por qué estás así?

---

[3] Dámaso Murúa (comp.), *Presagio*, Culiacán, julio de 1977, época 1, núm. 1.

[4] Ulises Cisneros, Javier Campos y Maximiliano Alvarado, *Lupita, la Novia de Culiacán*, Difocur, Culiacán, s. f. (Todas las citas de este personaje son de esta obra.)

—Una vez estaba en la ventana —le respondió Lupita—, viviendo allí en San Lorenzo Viejo, llegó una húngara [gitana] pidiéndome dinero... y que ella iba a tratar de que no me llegara una enfermedad. Entonces mi amá no le creyó y la rechazó. Pues ya, otro día... de repente, me llegó esta cosa.

Otra versión de los delirios de la Novia de Culiacán es que una crecida del río Fuerte inundó y destruyó las propiedades que tenía su esposo en San Lorenzo Viejo. La pérdida de sus bienes desconsoló mucho a Lupita, que al parecer desde entonces empieza a desvariar en torno a la pérdida de su tesoro, el cual se le figura arrebatado por la maldad humana.

El padre Vega, personaje muy respetado en la capital sinaloense y quien conoció a esta singular dama, brinda una tercera versión: "Su trastorno se debió a una lluvia de estrellas que hubo en 1948. Dice la gente que ella iba a dar a luz por ese tiempo, y que la aparición de ese fenómeno así como el desbordamiento del río, el cual anegó todo el pueblo, determinaron que ella se deprimiera bastante y no volviera a tener cabal razón".

Los misterios de la mente de Lupita quedaron para las leyendas *culichis*, pero lo cierto es que su misticismo religioso y puritano no dejaba de sorprender por sus destellantes construcciones, como cuando decía: "Me gusta el traje blanco porque es el símbolo de la pureza [...] mi Santísima Madre María lo señaló como emblema de la virginidad del alma. ¿Qué dirán los pecadores? ¿Soportarán llevar la blancura en sus cuerpos asquerosos?" Lupita decía que Culiacán era una ciudad de pecado, de muerte, que no merecía tenerla, y mucho menos ensuciarla con su nombre.

La Novia de Culiacán se refería al pecado y a la muerte que causaban los narcotraficantes: en los años que es entrevistada para escribir el libro del que nacen estas citas, la colonia Tierra Blanca era el espacio más conocido de estos personajes a escala nacional;

el Cochiloco y Félix Gallardo estaban en su apogeo. En 1973 Los Tigres del Norte, nacidos y criados en Rosa Morada, Mocorito, al norte de la capital del estado, grabaron el famoso narcorrido "Contrabando y traición", lo que ya reflejaba la enorme y creciente presencia de los narcos en Sinaloa, y muy particularmente en Culiacán. Pero no tan sólo los narcos trastornaban a Lupita y a los vecinos de la capital: los estudiantes radicales, los llamados *enfermos*, quienes se decían inoculados por el virus de la revolución comunista, habían puesto de cabeza a la Universidad Autónoma de Sinaloa; en el clímax de sus intenciones y movilizaciones justicieras insurreccionaron a cientos de estudiantes y algunos jornaleros agrícolas el 16 de enero de 1974, cuando incendiaron autobuses y arrojaron bala por varias horas. Tres años después, en 1977, con la Operación Cóndor, brutal respuesta gubernamental al crimen organizado y de paso a la guerrilla sinaloense, personalizada en la Liga Comunista 23 de Septiembre, se elevaron los niveles de violencia en la ciudad y en la sierra: desaparecieron alrededor de dos mil pequeños poblados rurales y fueron desplazados casi cien mil campesinos que emigraron a Culiacán y otras ciudades del estado.

María Teresa Zazueta decía de la Novia de Culiacán: "La persona de Lupita cobra un significado muy importante dentro del contexto de Culiacán. Su figura blanca, devoción católica y estado patológico constituyeron, por así decirlo, un símbolo que se oponía a la desencadenada violencia que cubrió a la ciudad a lo largo de quince años. En sí, ella representaba un contraste respecto a la realidad que la rodeaba".

Por su parte, el padre David Santana recordaba que cuando Lupita "se ponía a predicar en la puerta lateral [de la catedral] entonces yo le encontraba visos proféticos. Los muchachos, los traficantes, los comerciantes, gobernadores, policías, ricos, para todos ellos había una severa llamada de atención de parte de ella".

La Novia de Culiacán fue un personaje realmente extraordinario de la capital sinaloense por décadas. Su simbolismo no podía ser mayor: sólo la locura podía oponerse tan radicalmente a la insania del poder en todas sus expresiones, dinero, política y narcotráfico. Pero además Lupita nunca dejó de exhibir el estilo y hábitos de las mujeres sinaloenses, porque en "su figura esbelta, blanca... siempre se pintó la ceja muy negra y arqueada, los labios bien rojos y el colorete". En la calle se veía "alta, delgada y siempre caminaba con porte". La señora Gloria Contreras, vecina de Culiacán, decía que "la Lupita [debió] haber sido *plantosa* de joven, pues cuando recién llegó se le apreciaban facciones muy finas, muy parecidas a las de María Félix. Como ella era muy alta, delgada, siempre caminaba con porte, no es difícil creer que haya sido bonita cuando joven". Hasta en la locura y en la atalaya de la condena moral, la mujer sinaloense no olvida el lápiz labial, el colorete y el estilo para pasearse en las calles de sus ciudades.

En nuestros días, sin llegar a ser una leyenda como Lupita, en el puerto de Mazatlán, a lo largo de su malecón, a diario pasea una simpática mujer, también un poco fuera de la realidad de las mayorías, contoneándose alegremente, hablando sola, bien maquillada y perfumada, a veces con un pequeño perro, con zapatillas o sandalias según sea la ocasión, falda corta o vestido con escote, pero también cubierta con una bufanda cuando se presentan los fríos aires de febrero, que le cantan a su vida. Le gritan a diario: "¡Qué guapa te ves!"

—Lo sé —responde—, pero los hombres ya no me interesan.

Su arreglo es para ella misma, no para los varones.

LAS MUJERES DEL LLANO DE LOS ROCHÍN

En Sinaloa, salvo por el papel centralísimo de la mujer como sujeto de adoración maternal y belleza cosificada, en realidad ha sido casi totalmente ignorada como actriz estelar en la construcción de tramas y símbolos trascendentales para la sociedad sinaloense. En el terreno de las festividades y la cultura popular han sido determinantes: si se escudriña en el alma regional, se hallaría que las mujeres han sido animadoras y creadoras de tradiciones y costumbres muy arraigadas en diferentes poblaciones.

En el municipio de Badiraguato, y más singularmente en el Llano de los Rochín, por ejemplo, fueron las impulsoras del carnaval que ya va para noventa años de celebrarse; aun en medio de aguaceros, porque su calendario es en pleno agosto, es cosa de distinguir. Doña Espectación Angulo, dama badiraguatense, a los setenta años recordaba que con sus amigas Manuela, Chuyita, Victoria Rochín, Casimira y Manuela Gastélum, decidieron hacer una fiesta entre mujeres y para puras mujeres. Al tercer año, cuenta la señora Angulo, "le metimos tocada a la fiesta e invitamos a los muchachos para poder bailar [...] en ese mismo año ya tuvimos la primera reina, que se llamó Trini Angulo".[5]

México es un país de fiestas y el territorio sinaloense de ninguna manera es la excepción. En México la fiesta es un arte, dice Octavio Paz en *El laberinto de la soledad*, pero en realidad el carácter nacional que describe Paz, con no pocos matices, resulta distante del sinaloense. Generalizar es útil en el análisis, pero sólo como punto inicial de reflexión: cuando habla de las fiestas mexicanas, Paz las asocia, como sucede en gran parte del país, a los santos patronos de los pueblos o a las efemérides patrióticas, pero en Sinaloa, sin dejar de celebrarse también por tales motivos, son más laicas y cotidianas. En la Tierra de los Once Ríos nada es más frecuente que la fiesta, en particular en el sur de la entidad, pero no el festejo cívico, carnavalesco o religioso, sino más bien la fiesta familiar de fin de semana,

---

[5] *Presagio*, México, septiembre de 1979, época I, núm. 27.

la de cumpleaños, de fin de cursos, de graduación, de aniversario de algo, la fiesta de cualquier cosa. Las fiestas infantiles, de quinceañeras, de reinas estudiantiles, bodas y graduaciones, son tumultuosas.

En los barrios suelen cerrarse las calles para los festejos; las familias se apropian de los espacios públicos para las celebraciones privadas. El mexicano, dice Paz, no se divierte, se sobrepasa para "saltar el muro de soledad que el resto del año lo incomunica [...] esa fiesta cruzada por relámpagos y delirios, es como el revés brillante de nuestro silencio y apatía, de nuestra reserva y oquedad". En Sinaloa no existen las fiestas sin música y sin baile; ante todo son una invitación para bailar y tomar cerveza. En la exuberancia de la fiesta, los sinaloenses no son ni reservados ni silenciosos sino propensos a multiplicar su extroversión, la cual, efectivamente, no es raro que llegue al gusto por la bronca, el desafío gratuito y la violencia.

El y la sinaloense no son seres solitarios ni incomunicados; más bien al contrario, son gregarios, y si los apuran prefieren el mitote. Las obras literarias de Dámaso Murúa, José Luis Franco y Juan José Rodríguez, nacidas del alma sureña del estado, y las de César López Cuadras y Élmer Mendoza, inspiradas por los espíritus guamuchileños, guasavenses y *culichis*, al centro y norte de la entidad, revelan el carácter comunicativo, desenfadado y espontáneo de los oriundos de la región. Por eso no la necesitan para *desenconcharse*, para estallar y excederse; la fiesta simplemente agranda esos gestos.

Sí, las y los sinaloenses hablan cotidianamente en voz alta, de hecho desconociendo la discreción de la voz soterrada; sí, les gusta la música estruendosa y el bullicio, y en las fiestas tales gustos se redimensionan. Si en la vida cotidiana la risa es algo común, al igual que el relajo, la burla amistosa —*la carrilla*, se dice en sinaloense—, en la fiesta se subliman. En Sinaloa no hay un contraste violento entre el hermetismo y la franqueza, entre la timidez y la desinhibición; la fiesta no es la salvación y la redención de deseos contenidos y prohibiciones cotidianas, sino la prolongación sublimada de una manera de ser.

La risa de las sinaloenses es caudalosa, cotidiana y ubicua, incluso escandalosa como su habla. Su sentido del humor es discutiblemente menos creativo que el de los hombres pero su sonrisa, risa y carcajada son más frecuentes, siendo más de dos es irrefrenable la corriente de estallidos. Ríen con facilidad y sin sentimiento de culpa; contagian y seducen con su risa, aun sin pretenderlo.

En las fiestas las figuras estelares y animadoras son las mujeres, son su territorio indisputado. Sin ellas no existirían: podrían convertirse en un torneo compulsivo de bebedores de cerveza si no fueran con su arrolladora presencia un atractivo insuperable para el diálogo y el goce de los sentidos. Sin mujeres no hay baile; sin hombres, de todos modos hay baile y risas. Un carnaval sin mujeres y sin reinas es impensable, pero las pobladoras del Llano de los Rochín fueron capaces de inventar uno sin hombres. Ellas son el alma de las fiestas sinaloenses.

A FALTA DE SANTAS PATRONAS, LAS REINAS DEL CARNAVAL

En Sinaloa las reinas son el cenit de sus fiestas. No hay fiesta tradicional sin reina: si no hay elección, el festejo sinaloense, el que se celebra institucionalmente cada año para regocijo del pueblo, queda sin rito. A falta de abundancia de santas patronas, la adoración virginal se concede a las reinas de las fiestas: su culto es una especie de marianismo erótico. Mazatlán, matriz de la más aclamada de las festividades estatales, goza de la adoración cíclica y fugaz a la reina del carnaval, al mismo tiempo virgen laica y pachanguera. Sin embargo, las santas vírgenes de las ferias sinaloenses no conceden otro milagro que el de representar el alma de la fiesta, confirmar y reciclar el culto a la belleza femenina, y concitar miles de feligreses a los desfiles del carnaval. Algunos de sus nombres son recordados por las nuevas generaciones pero la mayoría de ellas, a diferencia del pasado, quedan en el olvido. Su santuario contemporáneo es efímero.

Ni duda cabe que la devoción a la belleza de las mujeres, encarnada de manera inmejorable en la elección de la reina del Carnaval de Mazatlán, es la inspiración de la constelación de soberanas que año con año se procrea en Sinaloa. Si de antaño se celebra la belleza de las mujeres, su monarquía se instauró y se acrecentó con la elección de las reinas del carnaval; de entonces en adelante hubo reinas en todos los rincones de la región y por cualquier pretexto. El carnaval estableció el paradigma y el rito de las reinas: ellas diseminaron por todo el territorio sinaloense el prototipo de la adoración a la belleza y le dieron pauta y reafirmación al tradicional gusto femenino local por el culto al cuerpo y el arreglo. El habitual cuidado de la imagen se hizo más estilizado con la celebración pública y competitiva de la belleza; los carnavales confirmaron la tradición institucionalizada e incitaron a la proliferación de la cauda de competencias que surgieron a su alrededor. Al incorporar la competición profesionalizada para ganar el título de reina, la gracia espontánea del culto sinaloense a la belleza femenina fue convirtiéndose primero en un vehículo de promoción social y después, a partir de los años setenta, en un escalón para acercarse a la incontenible comercialización de los concursos de belleza, y en cada vez más casos a la alta posibilidad de ser la reina de algún narco.

Las reinas han sido a lo largo del siglo XX y lo que va del XXI inspiración de miles de niñas y adolescentes sinaloenses. Se convirtieron en ejemplos a seguir: la admiración que despiertan fomenta sueños que reproducen incansablemente la búsqueda de efímeros reinos. Cada año, al ser entrevistadas las candidatas, declaran que su deseo nació cuando siendo niñas vieron desfilar en sus carruajes a las soberanas del carnaval.

Esta fiesta mazatleca en particular ha creado verdaderas dinastías monárquicas que tienen mucho que ver con una condición social privilegiada como con la arraigada inclinación sinaloense por la belleza criolla. A lo largo de casi un siglo las reinas del Carnaval de Mazatlán nacieron, en la mayoría de los casos, en familias de la élite del puerto, lo cual, sin embargo, no quiere decir que la belleza sea de su exclusivo monopolio: las características físicas de las sinaloenses de todas las condiciones de alguna manera han hecho menos traumáticas las diferencias sociales y les han permitido a muchachas humildes promoverse socialmente e incorporarse en algunos casos a las capas sociales privilegiadas.

Los estereotipos dominantes de belleza femenina en Sinaloa no han dejado fuera a las mujeres proletarias porque muchas características de su fenotipo, altas y armoniosamente construidas, ojos grandes, frente amplia y nariz afilada, no son muy diferentes a las de las damas ricas. Su belleza no desmerece en lo más mínimo frente a las mujeres de las élites.

LAS DINASTÍAS

El Carnaval de Mazatlán ha conocido numerosas constelaciones familiares donde nace una reina y alberga el polen para dar a luz a otra. La primera despierta el deseo de forjar una dinastía, y aunque los padres o las hijas no deseen continuarla, la presión de los organizadores o de sus círculos sociales termina por vencerlos. El linaje de reinas en la familia pudo iniciarse ochenta años antes o más, con la abuela o bisabuela, y se extiende, aunque cada vez menos entre las mujeres de élite, a las nietas o bisnietas.

A lo largo de más de medio siglo, las reinas procedían casi exclusivamente de las capas sociales privilegiadas del puerto, pero en los años setenta del siglo XX ya era visible que las jóvenes damas de los estratos altos se empezaban a alejar de una tradición de la que eran exclusivas poseedoras. La conversión del carnaval en una fiesta de masas, incluso utilizada como producto turístico con la participación más democrática de muchachas de clase media y aun plebeyas de la periferia urbana, parece ser la razón por la que las chicas de la burguesía mazatleca se alejaron de la fiesta. Desde entonces muy pocas de ellas se presentaron como candidatas, algunas lo hicieron casi obligadas por la tradición familiar.

Así que, a partir del tramo final del siglo XX, se empezaron a formar nuevas constelaciones, surgidas de otras capas sociales. Paloma y Estrella Palacios Domínguez, hijas de profesores universitarios, por ejemplo, fueron reinas de los Juegos Florales y del Carnaval en 1997 y 2001, respectivamente.

De las familias pudientes de Mazatlán que tuvieron sus constelaciones de reinas, ya sea por ser hermanas, hijas o nietas de ellas, sobresalen: Rivas, Urriolagoitia, Coppel, De Cima, De Rueda, Arregui, Medrano, Osuna Righetti, Tirado Almada, González Güereña, Osuna y Rosete Aragón.

En las siguientes páginas brindan su testimonio algunas de las damas de estas familias. Sus palabras claramente definen la condición social a que pertenecen, caracterizan su época y dibujan rasgos de la personalidad regional, esta no muy diferente en las mujeres de condiciones sociales menos favorecidas, confirmando que sí existen rasgos dominantes de lo que podríamos llamar una identidad femenina sinaloense.

LAS ROSETE ARAGÓN

Lupita y Lucina Rosete Aragón son nietas de una reina del Carnaval de Cosalá, antiguo pueblo minero donde nacieron siete bellas hermanas. Todas podían haber sido reinas, pero por agotamiento de los padres o negativa propia, cinco decidieron no disputar el cetro del Carnaval de Mazatlán.

Ellas eran parte de los círculos sociales favorecidos de una ciudad donde tan sólo por ese hecho estaban en el gusto y preferencia de los organizadores; éstos no tenían la misma condición social de las reinas, pero buscaban a toda costa ser bien vistos y recibidos por las familias pudientes.

Sin embargo, para ser reina del Carnaval de Mazatlán nunca bastó la pertenencia a la burguesía local. La belleza siempre fue imprescindible, y en el caso de las hermanas Rosete la gracia y *el porte* también les fueron concedidos por el cruce de la genética y la cultura locales.

Lupita

Mi primer reinado fue en abril de [19]59, siendo reina del Instituto Cultural de Occidente, en junio o julio fui reina del casino Blanco y Negro en Culiacán, en diciembre fui reina de los contadores públicos, y en febrero, del carnaval de 1960.

En ese año no hubo elección, simplemente Héctor Díaz Valdez, quien era el organizador (y columnista de las páginas de sociales de *El Sol del Pacífico*), les pidió permiso a mis padres para que fuese reina de los Juegos Florales y del Carnaval el mismo año. Un viernes me coronaron como reina de los Juegos Florales y el domingo como reina del carnaval. No hubo candidatas, solamente hablaron con mis

73

padres, pero ellos en un principio dijeron que no porque todavía no cumplía ni diecisiete años, a pesar de que físicamente me veía más grande. Cuando en enero cumplí los diecisiete, mi abuelita materna le dijo a mi mamá que por qué no me iba a dejar ser reina si ella lo había sido en Cosalá a los catorce años. Gracias a mi abuelita yo lo fui también. Rigo Lewis [el diseñador eterno de los carros alegóricos del Carnaval de Mazatlán] vino a traerme unas muestras del carro que me diseñaría, era de un cisne y yo le comenté que me gustaba mucho.

A mí nunca me preguntaron si quería participar en Señorita Sinaloa y nunca me llamó la atención. De hecho no me imaginé ser reina del carnaval aunque fue una experiencia muy bonita, pues era muy tímida. La mejor experiencia de ser reina es la respuesta de la gente, sentía que me querían mucho. Yo trabajaba en Bancomer y conocía a mucha gente, veía que todos se ponían muy contentos y me felicitaban. Cuando cumplí veinticinco años de haber sido reina de los Juegos Florales, la gente me vitoreaba en la calle, recordándome.

En 1960 había como ochenta o noventa mil habitantes en Mazatlán, por lo que me saludaban por todos lados y yo encantada, no le era indiferente a la gente ni desconocida para ellos como ahora lo son las reinas. A los cincuenta años de mi coronación [en 2010] no desfilé porque mi esposo y mis hijos no me dejaron, ya que era cuando había muchos problemas de violencia e inseguridad; fue el único desaire que he hecho, puesto que vine cuando se cumplieron veinticinco y cuando el carnaval cumplió cien.

Nunca me creí una belleza. Yo creo que la gente resaltaba de mí la simpatía que siempre poseí, porque me gustaba platicar mucho con los demás. Nunca me decían nada malo, porque antes había mucho respeto.

Me casé en 1966, viví veinte años en el Distrito Federal y tengo veinticinco viviendo en Hermosillo. En la ciudad de México me decían "la norteña feliz", se enteraron que fui reina porque cuando

74

se cumplieron los veinticinco años yo vivía allá y algunos vinieron al homenaje. En las diferentes ciudades en que he vivido siempre resaltaban mi felicidad. Creo que mi personalidad la heredé de mi papá y de mi mamá, no de mis abuelos.

Nací en Cosalá y a los cuarenta días nos fuimos a Contrastaca porque mi padre trabajaba en la mina. Creo que vivimos ahí tan sólo dos, pero durante muchos años todas las vacaciones regresábamos a Cosalá, éramos muchísimos primos y muchas mujeres, por lo que siempre teníamos muchas amigas, parecía que siempre había fiesta en mi casa. No estaba consciente de que fuera una mujer hermosa, mis padres me lo decían pero siempre fueron muy reservados. Mi padre se sentía orgulloso, además, nunca le dimos un dolor de cabeza. Cuando fui reina andaba de novia con otro muchacho —que no es ahora mi esposo—; él no se sentía celoso, al contrario, estaba acostumbrado, por su familia (con varias reinas), y se vino desde Monterrey, donde estudiaba, para apoyarme.

Ser reina sí me ayudó a madurar en ciertos aspectos, porque cuando me llevaron a la cárcel a liberar a los borrachitos (lo cual era una tradición del carnaval), me sentí muy triste cuando vi todo eso, fue cuando me di cuenta de que no todo era fiesta y que había otro mundo. También fui a la Unión Mutualista de Carreteros, un centro social al que me invitaron, acudí con ellos una noche, en carnaval. Fui a San Antonio, Texas, como reina del carnaval, aunque me pusieron la cinta de Señorita México sin serlo.

No puedo hacer una comparación entre las reinas de antes y las actuales, porque no las conozco. Acabo de ver a unas muchachas que portaban bandas de candidatas en el malecón, estaban vendiendo boletos en medio de las calles y eso yo no lo había visto, porque por ejemplo, fue en el carnaval de Anita cuando empezó el *corcholatazo* y era diferente, no andábamos por la calle pidiendo corcholatas sino que íbamos a tiendas o centros nocturnos a pedirlas, incluso me llegaban al banco costales de ellas de los ranchos. Íbamos a los bailes, pero bien vestidas, y ahora veo a las niñas con *short* o con mezclilla, por lo que no parecen las candidatas.

Los sinaloenses somos muy abiertos, en la ciudad de México la gente por precaución es reservada y en Hermosillo son diferentes, son un poquito más cerraditos, más serios, más formales que los sinaloenses. Aquí te reciben con los brazos abiertos.

Tengo una hija pero a ella no le gustan los concursos, es muy seria, como su papá. La hija de María Elena, mi hermana, fue reina del ICO, pero a todas les ha gustado muchísimo el arte.

Desde hace años no veo que las candidatas sean hijas de alguien conocido, son puras niñas desconocidas. Esas tradiciones de reinados ya pasaron en nuestra familia por temor, por la inseguridad.

Lucina Elena Rosete Aragón

A los dieciocho años se convirtió en reina del Carnaval de Mazatlán al triunfar sobre Elba Alicia Tostado; pudo haberlo sido a los diecisiete pero sus padres, como era frecuente en esos años de mano más férrea, no se lo autorizaron. Lucina, siendo una muchacha de las clases acomodadas del puerto, recibió el apoyo de hombres jóvenes de su misma clase social que más tarde se convertirían en alcaldes, como José H. Rico, o prominentes varones de empresa, como Julio Berdegué, propietario de El Cid, el hotel más grande de Sinaloa.

Al igual que la mayoría de las reinas de belleza, Lucina Elena ganó varias coronas antes y después de ceñirse la del carnaval. Estudió la preparatoria en el Colegio Guadalajara, pero ahí no pudo gozar de ningún cetro porque las monjas, severas y solemnes, no lo permitían. Sin embargo, representando a los alumnos de Mazatlán se erigió posteriormente reina de los estudiantes del Tecnológico de Monterrey en Culiacán. El Club Muralla, el más importante del puerto en los sesenta, la hizo su representante; también fue reina del baile Blanco y Negro de Hermosillo, el cual reunía a muchachas ricas de todo el país y Estados Unidos. En su vida de juventud, Lucina acumuló ocho reinados de belleza.

Además de la prohibición de las monjas sufrió los jóvenes celos de su novio, quien no toleraba las intensas miradas de admiración que otros muchachos posaban sobre su prometida. El futuro esposo ya creía tener la autoridad para imponerse a la novia pero la señora Aragón, madre de Lucina, pudo más; la orden fue que participara en el baile porque las hijas de los socios del casino tenían que hacerlo. Así lo narra Lucina:

> Pasaron dos urnas por todas las mesas para que el público votara por la reina del casino y del Blanco y Negro, pero gané los dos —recuerda Lucina y agrega alegremente, convencida—: la experiencia del Blanco y Negro fue muy bonita, no se la he platicado a mis hijos pero creo que a estas alturas se las puedo contar, porque ya no creo que piensen que soy una presumida.
>
> También me ofrecieron participar en Señorita Sinaloa para después ir a México a concursar pero yo no lo tenía en la cabeza, además era muy joven y no era bien visto [en su familia y círculo social] porque me tenía que poner traje de baño; de hecho concursé en Los Mochis y no quise salir en traje de baño como lo hicieron las muchachas de más edad, por lo que salí con un pantalón entallado. Éramos generaciones más cuidadas, incluso, cuando las monjas supieron que yo no había aceptado, me hablaron y me hicieron un chocolatito caliente para platicar y felicitarme porque no lo había hecho.
>
> Dos años antes, mi hermana fue reina del carnaval y también del casino de Culiacán. Fue una época muy padre, se hacían unos bailes

muy bonitos, elegantes, donde vestíamos de largo. En los concursos hacía lo que tenía que hacer: me encantaba ir al baile, si tenía un compromiso lo cumplía, me gustaba mucho hacerme mi vestido, me encantaba peinarme y todo eso.

La gente me decía que admiraban mi porte. Mido 1.72 metros, pero a los dieciocho años, físicamente me veía más grande. Mi vestido de reina del carnaval lo sacaron de un anuncio del "coñac de Napoleón", donde aparecía la coronación de Josefina. Debajo del busto tenía una cauda roja increíble; lo hizo Mercedes Torres, una costurera muy famosa. La corona, la pulsera y el cetro los mandaron a hacer a la ciudad de México.

Cuando joven sí me decían que estaba bonita, pero lo normal y yo, la verdad, me sentía muy a gusto aunque nunca estuve consciente de mi belleza; ahorita que lo pienso, me pasó de noche. Me invitaban a los concursos y yo asistía, no quería ser grosera con nadie, sólo quería ponerme las coronas.

Creo que los principales atributos físicos de las sinaloenses son muy especiales. Cuando veo las fotografías de mi madre y sus hermanas, me doy cuenta del porte que tenían las mujeres; me gustaba observarles el cabello, el color de la piel.

La gente de Ensenada, donde vivo, piensa que las de Sinaloa son muy bonitas, que tienen mucho porte y naturalidad al expresarse, porque muchas veces hay mujeres muy bonitas de otras partes que no te transmiten nada, en cambio otras no lo son tanto pero te llaman la atención por su personalidad, por su manera de hablar, por cómo miran… La personalidad resalta la belleza, hay muchas mujeres bonitas a las que les falta eso. Desconozco el origen de esa personalidad sinaloense, tal vez viene de los hombres que nos conquistaron. En nuestro caso, el apellido Rosete viene de franceses que llegaron a Guadalupe de los Reyes, Cosalá, a mover las máquinas de la mina.

Nuestro mundo era más cerrado, si yo hubiera tenido las oportunidades que les doy a mis hijas… Antes, si salíamos era con chaperón. Eras la hija de familia de valores muy marcados, lo que te hace seguir soñando con el príncipe del que te enamoraste. Yo no veía qué me convenía más [económicamente], ya que mi mamá no nos inculcó eso. Tuve cinco hijos, y sólo una hija, la cuarta, fue candidata de los estudiantes del Tec, pero no ganó porque el concurso se realiza por sorteo. Vive en la ciudad de México, estudió mercadotecnia y trabaja en una empresa muy importante.

Mi mamá, María Elena Aragón Félix, fue reina del carnaval en Cosalá en 1935. De mi familia ya nadie ha querido ser reina: mi suegra, Anita de Rueda, fue reina de los Juegos Florales del Carnaval de Mazatlán y mi cuñada también, al igual que mi sobrina, Linda Cevallos.

Siempre fui feliz, segura de mí misma; sólo una vez, un pretendiente que me llevaba nueve años, me dijo: "Nunca vayas a cambiar", pero no sé qué me quiso decir. Tengo un gran marido, todos lo quieren porque es muy cortés pero nunca me contó por qué se enamoró de mí; siempre me dijo que era guapa, aunque no recuerdo que me haya dicho "me enamoré de ti por tu belleza", nunca me dijo nada en especial. Me escribía cartas y era muy celoso, quizá él sí estaba consciente de la belleza de su esposa pero nunca me prohibió salir, sólo se preocupaba mucho por cómo iba vestida. Un hijo mío también era celoso.

No puedo decirte si las sinaloenses de ahora siguen teniendo la misma belleza de antes porque no vivo aquí, pero se arreglan más que las mujeres de Baja California, allá son más americanizadas; las sonorenses también se arreglan mucho, las considero igual de espontáneas. La gente de Culiacán era más abierta que la de Mazatlán, aunque no lo sé ahora. En Hermosillo la gente también es muy abierta, las mujeres igual se arreglan pero más exagerado, con muchas joyas, más sofisticadas, y aquí en Mazatlán son más sencillas y más frescas para arreglarse. Considero que las partes más estéticas de las sinaloenses son la estatura, la cintura, la cadera fina y las piernas esti- lizadas. Pero antes no había cirugías de nada, ni de busto ni de nariz ni de nada; no se pensaba en eso.

Este año [2013] me iban a hacer un homenaje por los cincuenta años de mi coronación pero me dio flojera; casi me matan cuando se los dije, ¡imagínate cuándo me van a volver a tener para pasar por semejante papel y subirme dos días en el carro! Vine cuando el car- naval cumplió cien años y desfilé con Lupita, mi hermana, porque a ella le hicieron un carro especial, pero nos tuvieron horas esperando.

DE RUEDA Y COPPEL

Las mujeres de las familias De Rueda y Coppel poseen la lista más extensa de reinas del carnaval; forman una verdadera dinastía. A lo largo de más de cien años del Carnaval de Mazatlán las familias De Rueda y Coppel, emparentadas entre sí desde que en 1913 Elena Coppel Rivas y Tomás de Rueda fueron la pareja real de la gran fiesta, casi han convertido sus apellidos en sinónimos de reinas del carnaval, y es que la elección, salvo algunos periodos de excepción y hasta los setenta, tuvo marcados rasgos oligárquicos.

Estas familias han sido por mucho tiempo integrantes de las élites sociales sinaloenses. Aunque en sus principios la vida del Carnaval de Mazatlán estuvo marcada por el irreverente y caótico gusto proletario, durante los dorados años porfirianos de fines del siglo XIX la filosofía del "orden y progreso" de inspiración positi- vista se impuso a sangre y fuego sobre los rebeldes, pobres y *pela- dos*. En el México de don Porfirio, a los disidentes que no acep- taban ser *maiceados* —es decir, sobornados— el dictador ordenaba que los "mataran en caliente". En Mazatlán, la porfiriana Junta Patriótica, encabezada por el célebre doctor Martiniano Carvajal, *adecentó* el carnaval, disciplinando a los *pelados* del *muey* y del rastro que encontraban en el desorden, la burla y los huevazos de harina los grandes atractivos de la fiesta porteña.

Pero la gente *propia* y *ordenada* de Mazatlán no tan sólo domó a los pescadores, carniceros, cargadores, carboneros y demás fauna popular, sino que decretó el inicio de la monarquía carnavalera pero dejando fuera de toda competencia a los hombres y mujeres de la *leperada*; en la sociedad oligárquica porfiriana no podía suceder otra cosa. De 1898 en adelante la organización y el gusto del Carnaval de Mazatlán quedarían casi siempre en manos de unas cuantas familias. Desde entonces, prácticamente sin excepción hasta los años ochenta, las soberanas fueron hijas de las familias pudientes de Mazatlán y de otras ciudades del estado; las *plebes* proletarias se consolaban con soñar ser reinas del carnaval.

Sería hasta los años setenta y ochenta, con Isela Wong Ramos, en los balbuceos democráticos de la sociedad mexicana, cuando los aires de una parcial deselitización para elegir a la reina se dejaron sentir en la bullanguera fiesta mazatleca.

ISELA WONG RAMOS

No era una muchacha de familia pobre, más bien era hija de una pujante familia de clase media, propietaria del restaurante El Túnel de Pekín pero descendiente, por parte del padre, de un inmigrante chino. En la sociedad mexicana de los años cincuenta y sesenta todavía se les encontraban marcados "peros" a los inmigrantes de origen asiático o judío, luego de que en la década de los veinte las comunidades chinas sufrieran una despiadada persecución: algunos de ellos fueron torturados y linchados por el simple hecho de su origen étnico. Sonora y Sinaloa sobresalieron en esa época por su hostigamiento a los laboriosos inmigrantes que empezaron a llegar a estas tierras durante la dictadura porfiriana, así que el hecho de que el comité organizador del carnaval invitara a la hija de José Wong hablaba ya de un cambio sustancial en la comunidad mazatleca: se había hecho más tolerante y abierta.

Isela era una bella mestiza sino-mexicana de ojos rasgados y claros, quien tuvo que competir con jóvenes damas de las familias ricas de Mazatlán como Hortencia Freeman y Martha Rochín, ganadoras tradicionales de la monarquía carnavalera. La hija de José Wong tuvo a su favor la circunstancia de que el año anterior se incluyó por primera vez un sistema competitivo para elegir a la reina, lo cual permitía que pudieran aspirar a ganar señoritas de condiciones sociales menos privilegiadas que las que la estructura porfiriana había establecido.

En 1961, el presidente del comité organizador del carnaval, Leopoldo Reyes Ruiz, Pepegrillo, para rescatar la fiesta porteña de la inercia abúlica, aceptó la atinada idea de Elías Ferrer, entonces publicista de la Pepsi Cola, de generar una verdadera competencia entre las candidatas a reinas, estableciendo que la que reuniera más corcholatas con la marca de la gaseosa sería la triunfadora; tal mecanismo pasó a conocerse en Mazatlán como *el corcholatazo*.

La disputa por las tapaderas de la bebida ha pasado a ser en los anales de las carnestolendas porteñas la más apasionada e intensamente vivida por los hijos e hijas del tórrido Pacífico noroestino. Ese año de 1961 Anita de Rueda, una de las más célebres y hermosas reinas que ha tenido el Carnaval de Mazatlán e hija de Tomás de Rueda, un poderoso empresario casado a su vez con una ex reina de los Juegos Florales de las fiestas de 1937 y también hijo de los reyes del carnaval de 1913, ganó dramáticamente frente a la pasión desbordada de los simpatizantes de Alma Valadez. Los anecdotarios del carnaval cuentan:

La Luchi Pérez [entonces joven testigo del mitote] fue de las primeras que llegaron con el chisme a su casa: que la Anita había ganado, que los simpatizantes de Alma Valadez le habían volteado su *guayina* Rambler y ahí la habían dejado, llantas pa arriba, por la [calle] Ángel Flores, nada más porque le había ganado a la "candidata del pueblo". Que las otras candidatas renunciaron para regalarle sus corcholatas a Anita, que no iba a desfilar Anita en su carroza, que el camión cargado de corcholatas que venía de Culiacán para Alma Valadez llegó cinco minutos después de cerrado el cómputo; que uno de los papás de las candidatas llenó la alberca de Pepsi Cola para que se bañaran las contrincantes y que en esa familia son alérgicos al refresco de cola hasta la fecha.[6]

Pasado el tiempo, treinta y cinco años después de la más intensa disputa por el reinado de Mazatlán de que se tenga memoria, doña Ana María de Rueda recordaba en 1996 que cuando ganó su hija Ana

el escándalo fue más horrible; la noche del cómputo final andaba por todas las calles un señor en un camión, diciendo con un altavoz: "Pueblo de Mazatlán, nos han engañado, no permitas que nos engañen". Decían que éramos unos rateros, la gente me hablaba por teléfono y me preguntaban si iba a dejar ir a Anita; "La van a matar", decían. Estábamos muy asustados, la gente estaba tan entrada en esto que hasta querían apedrearme la casa: así de reñido estuvo ese carnaval. Sin embargo, no pasó nada.[7]

---

[6] "Una corona de corcholatas. Anecdotario de una adolescente carnavalera", en suplemento de *Noroeste*, Mazatlán, enero de 1997, p. 10.

[7] Entrevista de Héctor Guardado a Ana María de Rueda, *Noroeste*, Mazatlán, 25 de noviembre de 1996, sección E.

El periodista Leopoldo Reyes Ruiz, *Pepegrillo*, recordaba en 1988, en la revista *Álbum del Recuerdo*, la que es ya una de las grandes leyendas del carnaval mazatleco:

> Mazatlán tomó movimiento carnavaleramente acelerado. La marchanta iba al mercado y compraba mandado con corcholatas, las candidatas iban a las barriadas y cambiaban juguetitos por corcholatas [...] Se cerraban las calles entonces recién pavimentadas y eran bailes todos los días con la picaresca novedad de que "no bailo contigo si no me das veinte corcholatas" [...] ¡Cómo estaría la cosa que el bolo de los bautizos se tiraba de corcholatas! Y las niñas recién nacidas se llamaban Almas, o Anitas, o Elbas Alicias, o María Elenas, o Teresitas...

Después del entusiasmo que despertó el *corcholatazo*, los organizadores repitieron el relativamente democrático procedimiento para el año en que ganó Isela. Este mecanismo abrió la competencia y eliminó el oligárquico *dedazo* del *petit comité* que anteriormente había escogido a las reinas, pero les dejaba abiertas las puertas a las hijas de las familias ricas de Mazatlán porque el dinero seguía determinando quién sería la reina de la fiesta. La única manera de que la competencia no quedara tan sólo entre las familias pudientes era que las candidatas con otra procedencia social levantaran una entusiasta y eficiente organización y obtuvieran un amplio respaldo popular; Isela, su familia y el comité de campaña lograron ambas cosas.

José Wong vio la oportunidad de que, con su bella hija, el honor de los inmigrantes chinos, o por lo menos el suyo, mancillado durante décadas por el esquizofrénico racismo mexicano, que se rendía a los pies de los europeos y sus descendientes y se cebaba contra indígenas, negros y asiáticos, quedara reivindicado con el popular reinado del carnaval. Entrevistada en 1997 sobre aquellos momentos, Isela recuerda:

> Para mi papá fue una gran distinción el que por primera vez en la historia del puerto se invitara a la hija de un miembro de la colonia china a participar en la fiesta más importante de Mazatlán.[8]
>
> Lo más extraordinario de este suceso no es tan sólo que don José Wong hubiese visto el momento de que los inmigrantes chinos y sus hijos fuesen reconocidos y aceptados en Mazatlán, sino también que las colonias chinas en Los Ángeles, California, Mexicali y Ensenada en Baja California, y en San Luis Río Colorado, Sonora, los recibieran fraternalmente de la misma manera, porque fue en gran medida gracias a ellos que Isela pudo convertirse en la reina del carnaval.[9]

Los paisanos de José Wong reunieron alrededor de sesenta mil dólares y fueron recompensados con el honor que les regresó Isela. La hija del señor Wong y la señora Ramos recuperó a plenitud su herencia china, porque portó a lo largo de su campaña y coronación vestidos del País de la Gran Muralla y treinta sino-mexicanos la acompañaron, como recuerda Isela en la entrevista que le hizo el periodista mazatleco Héctor Guardado: "...[Hubo] una gran cantidad de símbolos chinos en el desfile del carnaval de 1962: gongs, farolas, tambores, leones y dragones traídos por la colonia china del Distrito Federal [...] causando asombro entre la población, que nunca había visto algo semejante".

Al tiempo, diez años después, Alma Rosa Chío, otra hermosa sino-mazatleca, se convertiría en la reina de los Juegos Florales del

---

[8] Entrevista de Héctor Guardado a Isela Wong, *Noroeste,* Mazatlán, 13 de enero de 1997, sección E, p. 1.

[9] *Ibid.*

Carnaval; para entonces los prejuicios contra los chinos al parecer habían quedado definitivamente sepultados.

En los setenta se inició el *boom* sinaloense de lo que se ha llamado la *reinitis* o la fiebre por ser reina de cualquier cosa y hacer toda una carrera con base en la belleza; a partir de la década de los noventa, para algunas muchachas tal búsqueda culminaba en su profesionalización como modelos o en fugaces apariciones en el mundo del espectáculo. Sorprendentemente, Alma Rosa Chío, a pesar de haber gozado apasionadamente ser reina de belleza, se convirtió no en modelo sino en maestra de literatura y lengua española. En sus remembranzas explica su afición a los reinados: "Mi mamá era muy entusiasta y le gustaba que participara en los concursos de belleza; gracias a ella gané treinta y dos coronas a lo largo de mi vida..."

EL RESURGIR MATERNO

Si desde sus orígenes la organización de los concursos de belleza y los carnavales ha estado en manos de hombres prácticamente en cualquier lugar del mundo (quizá con excepciones como la de Lupita Jones, la joven dama mexicana que se convirtió en Miss Universo en 1991 y quien organiza los certámenes Nuestra Belleza en México), las mamás parecen ser las principales animadoras de las aspiraciones de sus hijas por ser reinas. El dramático protagonismo de las madres de las candidatas a reinas del Carnaval de Mazatlán es una patente comprobación.

Durante las primeras décadas del carnaval, quizá hasta los años sesenta, los integrantes del comité organizador de la fiesta, quienes tenían el poder de seleccionar a las candidatas a reinas, se dirigían exclusivamente a los señores padres para pedirles el consentimiento de que sus hijas disputasen el trono mazatleco. Al introducirse en 1961 la competencia como método de elección, las mujeres pudieron incorporarse a las campañas, aunque al menos formalmente no las presidían; en realidad no era necesario que apareciesen como directoras porque eran el corazón de las mismas. Mientras que para los hombres la campaña era un desafío organizativo y competitivo, para las mujeres era la proyección misma de sus deseos de reconocimiento social, revancha inconsciente de poder y el traslado, por conducto de la candidata, de sus virtudes seductoras sobre todos los hombres del puerto.

Por lo menos durante las campañas, las candidatas y aun después las reinas del carnaval son las jóvenes más admiradas y deseadas de Mazatlán. Las damas alrededor de ellas, en su identificación tan profunda, atrapan literalmente manifestaciones de admiración y deseo, pero son sobre todo las madres las que ven renacer su juventud, capacidad de gozo, deseo de admiración y la virtud de la seducción mediante el alma y la figura de sus hijas candidatas y reinas. Si las madres también fueron reinas del carnaval o de algún título de belleza, los sentimientos se redoblan y regresan los ayeres.

LA INMORTALIDAD REAL

La venezolana Alicia Machado, Miss Universo 1996, al poco tiempo de ser electa su sucesora, la nueva reina universal de belleza, decía que ella no era ex Miss Universo sino la Miss de 1996: sería toda la vida la Miss Universo 1996. De la misma manera, las ex reinas del carnaval no piensan que lo fueron sino que lo serán hasta su muerte, como en cualquier monarquía. La corona de reina del Carnaval y de los Juegos Florales se apropia del alma de las jóvenes que la ganan y no las redime hasta su muerte. Lupita Ríos, reina de los Juegos Florales en 1982, decía convencida que con su corona había entrado a la "historia de Mazatlán". Paloma Palacios, también reina de los Juegos Florales, en 1997, sincera revelaba: "Para cualquier chica sinaloense... en nuestro fuero interno, siempre soñamos con ser algún día reina del carnaval y pasar a la historia de esta hermosa tradición..."

CÓMO NACE UNA REINA

Las reinas madres inevitablemente les dan una educación monárquica a sus hijas; éstas no tienen manera de evitar ser princesas de la belleza porque las mamás prolongan el cuento de hadas por medio de ellas. Proyectan en sus hijas el deseo de ser reconocidas tal como lo testimonia Sachenka, la reina infantil del Carnaval de Mazatlán 2013: "Le dedico este triunfo a mi mamá porque ella me ha apoyado en todo; me dijo que nunca perdiera la fe en que yo iba a ganar, además le agradezco a toda mi familia y quiero decirles: ¡pude hacerlo!"[10]

Libia Zulema Farriols López, hija de la mujer que con el mismo nombre hiciera historia en la cultura popular sinaloense, explica el proceso subjetivo de esta tradición:

…yo de chiquita veía las fotos de mi mamá y que siempre la invitaban de jurado a los concursos o para hacerle un homenaje, y uno como que se emociona. Veía a mi mamá bien bonita toda la vida; bien arreglada y todo [...] y yo decía: "Quiero ser como mi mamá; quiero que me inviten a mí también". Cuando tenía tres meses de nacida, le hicieron una entrevista donde le preguntaron si le gustaría que yo fuera reina, ella dijo que sí, pero que nunca trataría de imponerme

---

[10] *Noroeste*, p. 6, 7-E, 20 de enero de 2013.

algo [...] Desde chiquita, dice mi mamá que yo era la única que siempre la veía pintándose y me sentaba junto a ella [...] me ponía sus zapatos altísimos [...] como que desde ahí ya iba yo para eso [...] Le decía a mi mamá: "Creo que desde que venía en la panza contigo, ya quería ser reina". Me llevaba a los concursos y a mí me encantaban, desde que tenía diez años me decía que me fijara bien para que fuera aprendiendo. A los dieciséis ya era reina de los bomberos, porque quería agarrar tablas para en un futuro concursar en algo más serio...[11]

LOS AÑOS DE LA DORADA INGENUIDAD

Si con el triunfo de Libia Zulema López Montemayor como Miss México en 1970 se desata la epidemia sinaloense por los concursos de belleza, que correspondían a la misma época de la revolución cultural juvenil, la audacia de las minifaldas de la misma Libia de alguna manera simbolizó ambas cosas. Los fabulosos veinte también significaron por su cuenta una época de profundos cambios culturales para la mujer.

Anteriormente, Julieta González, la reina del carnaval en 1926 y 1929, había sido la portavoz de la renovación porteña. Fue tan atrevida como Libia Zulema porque subió la falda hasta la espinilla, se recortó el cabello hasta la nuca como *garçon* (muchacho), se quitó el corsé, el polisón y las varillas de la indumentaria victoriana[12] impuesta a todas las *mujeres decentes* desde la segunda mitad del siglo XIX hasta la Primera Guerra Mundial. En una sociedad tan patriarcal como la mexicana no podían conquistar el derecho

---

[11] Entrevista del autor a Libia Zulema Farriols López, Mazatlán, 16 de enero, 1997.

[12] "En busca del centenario", en suplemento de *Noroeste*, Mazatlán, febrero 17 de 1996, p. s. 3.

al voto ni inundar las universidades con su presencia, pero ya empezaban a aparecer mujeres rebeldes liderando movimientos políticos y sociales. Las comunistas eran las más valientes y desafiantes: Frida Kahlo, Benita Galeana, Tina Modotti, las tres del Partido Comunista Mexicano, escandalizaban en esos años con su conducta: participaban en política, osaban atravesar las puertas de sus hogares hacia la calle y lo que resultaba verdaderamente herético es que tuvieran varios amantes. En Mazatlán eso no sucedía, pero al menos ya se había roto con la prisión de los cuerpos, tal y como lo hizo la bella Julieta.

LA ÉPOCA ROMÁNTICA

Corría el año de 1997 cuando Ana María de Rueda celebraba sesenta años de haber sido coronada reina de los Juegos Florales del Carnaval; a los setenta y siete no había permitido que el tiempo ocultara su altiva belleza. Sus suegros, doña Elena Coppel Rivas y Tomás de Rueda, un joven inmigrante español, fueron reyes del carnaval en 1913, así como María Luisa Coppel en 1918 y Roberto Coppel en 1921, pero en realidad sería la joven Ana María, al casarse con Tomás de Rueda II, quien procrearía la prole femenina más identificada con la monarquía del Carnaval de Mazatlán: primero sus hijas y después su nieta serían reinas de la gran fiesta marismeña.

Anita, Loreta, Yolanda y Linda heredaron la belleza de su madre y de la abuela, pero la rara combinación de energía y profunda serenidad que expresaba Anita Alatorre a los diecisiete años la han alcanzado muy pocas reinas del carnaval. La fotografía que recuerda su coronación revela una belleza renacentista; para Botticelli hubiese sido un placer retratar su rostro.

90

La hermosa Anita, que por cierto no había nacido en Mazatlán sino en Mocorito, al norte de Sinaloa, sólo por la bendita intervención del señor obispo José Ruiz pudo ser reina de los Juegos Florales y fertilizar la tradición real que heredaría a las mujeres de su familia. Su padre, de moral muy victoriana y disciplina militar, se oponía enérgicamente a que la joven Ana participara en una fiesta que él no consideraba digna de la decencia católica mientras que el señor obispo consideraba que sólo era decente ser reina de los Juegos Florales pero no del Carnaval, porque la soberana de las carnestolendas tenía que rozarse con la plebada, con el populacho; debía bailar, mostrarse alegre y otras cosas del demonio popular. Finalmente el clérigo fue convencido por los organizadores del carnaval y le cedió el permiso al señor Alatorre.[13]

LA MUÑEQUITA DE ORO: VENANCIA ARREGUI

Los periódicos de la época no revelaron ese conflicto familiar, tan sólo informaron que otra preciosa señorita, Venancia Arregui, a la que las falanges venancistas llamaban la Muñequita de Oro por su rubia cabellera, había ganado con 1209880 votos por 420231 de Anita Alatorre, informaba *El Demócrata* el 26 de enero de 1937:

Pocos años habíamos visto en que tanto se notara el entusiasmo para presenciar el cómputo final de la elección de reina del carnaval como ayer domingo, pues todos los mazatlecos sin excepción dieron pruebas de su innegable emoción, llenando de bote en bote las localidades del Teatro Rubio [...] Una comisión [...] fue a participar a la

---

[13] Entrevista del autor con la señora Ana María de Rueda, Mazatlán, 7 de noviembre de 1996.

señorita Arregui su legítimo triunfo, conduciéndola, acto continuo, al Rubio, donde fue recibida a los acordes de las bandas de guerra y música, así como por una lluvia de serpentinas y confeti que le arrojaban sus múltiples admiradores...

Curiosamente, atrapados por la atmósfera política de esos años, tanto los organizadores como los cronistas del carnaval hablaban de las *falanges*, a semejanza de los seguidores del general español Francisco Franco, y de *camaradas*, en la mejor tradición comunista, cuando se referían a los simpatizantes de Venancia y Ana. Otra nota del día de la elección decía que "a la hora del cómputo final había tanta expectación por conocer el resultado que ni uno ni otro partido, o sea los izquierdistas y derechistas, estaban muy confiados en su respectivo triunfo". En realidad no había ninguna lucha de clases entre Ana y Venancia, las dos pertenecían a familias acomodadas del puerto; la única diferencia es que una era rubia y la otra morena.

Como en casi todos los carnavales, a los pies de las reinas brotaban innumerables bardos que les dedicaban su mejor inspiración. A Venancia, el porteño Juan Núñez Parra le escribió el 20 de diciembre de 1936:

Trae en sus ojos divino fulgor [...] sus labios son rosas, que allá en Jericó cortara al hacerlos el dios del amor.

Sus dientes son perlas; rítmico su andar [...] sus cabellos de oro, que dorara el sol, aureolan su rostro, que es una ilusión [...]

Y díjome el ave [...] tú, que eres poeta, si ves a ese ángel, que es todo amor [...] al pie de su reja lleva mi canción: se llama VENANCIA y es mi ilusión.

Por supuesto que Núñez Parra no fue el único entusiasmado con la bella muchacha de abundante cabellera dorada; Nemesio

Reyes Vallejo, enamorado tanto del puerto como de Venancia, escribió el 28 de diciembre de 1936 en *El Demócrata Sinaloense*:

> Mazatlán, tierra tropical de hermosa gente, que albergas en tu seno a la mujer más linda como el astro más bello y reluciente, como la luz del día que Dios nos brinda. Eres un jardín de hermosas flores saturadas de perfumes y elegancia donde se encuentra la rosa más hermosa y el corazón más lindo de Venancia. Pueblo de Mazatlán, pueblo entusiasta de lujo y de belleza sin igual; has sabido elegir a tu reina ideal, la que debe regir el carnaval.

Al final de sus vidas, *patas saladas* —es decir, mazatlecos— de vieja estirpe crearon en la década de los ochenta del siglo xx una revista llamada *Álbum del Recuerdo*. Comandados por *el Chale* Salazar, veterano periodista, entintaban sus nostalgias del Mazatlán de su juventud, salvando para las nuevas generaciones vívidas descripciones de otras épocas que para ellos habían sido irremediablemente mejores que la que enfrentaban en el ocaso de sus respiros. Para estos enamorados de Mazatlán los treinta simbolizaron la *época romántica* del puerto, una década de reinas bellísimas como Venancia Arregui, Ana María Alatorre, Bertha Urriolagoitia, María Emilia Milán, Josefina Laveaga, Beatriz Blancarte, Bertha Ruffo, Adela Bohner, Alicia Haas, Amelia Ernestina Duhagón y María Teresa Tirado, quien en 1933 fuera "una bella muchacha de porte señorial, ojos negros y mirada penetrante [...] una de las más bellas reinas del Carnaval de Mazatlán en la época romántica del puerto", decía Carlos Salazar, *el Chale*.

El decenio posterior, al menos para la memoria de esos viejos periodistas, perdió gran parte del encanto romántico que antes se vivió. Los treinta fueron para la mayor parte del país un periodo de intensa movilización social y enconada lucha política, los años del cardenismo y de la época artesanal de la goma de opio en manos de los inmigrantes chinos. Obreros y campesinos irrumpieron en escenarios antes prohibidos para ellos, recibieron tierras y salarios como nunca antes, pero en Mazatlán tales transformaciones aparentemente no conmovieron a sus élites a pesar de la famosa huelga inquilinaria de 1935: las banderas rojinegras del Sindicato Revolucionario Inquilinario desfilaron el 1º de mayo portadas por "troqueros, zapateros, gente de mar y *cromanos,* empleados de comercio, federales, municipales y del estado, carpinteros, trovadores, choferes y cantineros, los cuales llenaron cinco cuadras", y atacaron en su discurso "…con energía a los desalmados cobradores de fincas, que en menos de un par de años se [habían] hecho ricos esquilmando a la clase proletaria".[14]

Ni interrumpieron las fiestas del carnaval (los mismos huelguistas hubieran sido los primeros en oponerse a tal eventualidad) ni trastocaron la tradición oligárquica de que las reinas fueran las hijas de las poderosas familias mazatlecas, de las que formaban parte varios casatenientes.

EL GITANO, EL GOBERNADOR LOAIZA
Y SU GRACIOSA MAJESTAD LUCILA MEDRANO

Durante los gobiernos conservadores y proestadounidenses de Manuel Ávila Camacho y Miguel Alemán Valdés, según cuentan a la distancia viejos mazatlecos, el carnaval decayó y vivió sus momentos más angustiantes. Uno de los acontecimientos más recordados de aquella época es el homicidio del gobernador de Sina-

---

[14] Citado por José Luis Beraud, *Actores históricos de la urbanización mazatleca*, Difocur, Culiacán, 1996, p. 97.

loa, el coronel Rodolfo T. Loaiza. Ésta fue la narración del *Chato Duarte*, testigo de los hechos, en el periódico *Cronos* del sábado 26 de febrero de 1944:

> ...una dama de las que asistían al baile del Patio Andaluz [del hotel Belmar] suplicó al señor gobernador que ordenara que la orquesta tocara "El coyote" para que la señorita Carmina de Rueda, reina de los Juegos Florales, bailara con un joven el zapateado; el coronel me ordenó que suplicara a los músicos ejecutaran dicha pieza. En un estrecho corredor me topé con un individuo del que sólo recuerdo que vestía con traje gris; al encontrarme se llevó la mano a la frente con despreocupación, exclamando al mismo tiempo: "¡Ah, qué la chingada!". Segundos después, escuché apagadas detonaciones en el salón de baile. Apresurando el paso regresé adonde se encontraba el jefe, a quien vi, con profunda consternación, cómo lentamente se iba inclinando sobre la silla en que descansaba hasta caer pesadamente sobre el costado izquierdo, con la mano siniestra sobre el bolsillo, quedando en el pavimento ligeramente encogido. Las declamadoras Carbaloza, con quienes el gobernador departía alegremente, sufrieron un ataque terrible de nervios. Oí después cómo las damas y caballeros gritaban atemorizados: "Fue *el Gitano*". El reloj Elgin del señor gobernador se destrozó, marcando las manecillas diez minutos para las dos de la mañana...

Nunca quedó claramente establecido por qué *el Gitano* asesinó al coronel Loaiza. Se habló de una pugna política entre el militar asesinado y el general Pablo Macías Valenzuela, quien lo sucedería en la gubernatura; sin embargo, el periodista y novelista Luis Spota, en un artículo que escribió el 13 de junio de 1944 para el diario *Excélsior*, rescatado por el investigador Luis Astorga, dice:

Loaiza recibió ochenta mil pesos que le obsequiaron los traficantes de opio de Sinaloa para asegurarse impunidad y recoger libremente la cosecha de adormidera a principios de año; el gobernador aceptó el dinero sin comprometerse a nada, luego solicitó los servicios de alguna policía capitalina para que arrasara los plantíos, cosa que se hizo […] Los traficantes burlados planearon la venganza, que se ejecutó brutalmente en las primeras horas del 21 de febrero de 1944, durante las fiestas del carnaval mazatleco.

El caso tuvo una relevancia nacional y el general Lázaro Cárdenas, quien fungía entonces como secretario de la Defensa Nacional, resolvió exculpar a Macías Valenzuela. La justicia condenó al *Gitano* a veinticinco años y ocho meses de cárcel, pero el famoso personaje se fugó de la prisión militar instalada en el Cerro del Vigía, en Mazatlán. Rodolfo Valdez Valdez, nombre verdadero del criminal, murió a los cincuenta y un años en Culiacán a causa de una enfermedad renal, pero su nombre quedó como una leyenda y un antecedente de los capos del narco.[15]

El Gitano no era un simple sicario, sino el principal intermediario del mafioso Max Cossman, el Rey del Opio en Estados Unidos, para la compra en la sierra sinaloense de la goma que era convertida en la *heroína café* en Nueva York. Años después, narra Juan Alberto Cedillo en su libro *La Cosa Nostra en México (1938-1950)*, el célebre pistolero y gomero declaró a un periódico de Washington que había "ganado mucho dinero en el tráfico de drogas hacia Estados Unidos". En esa entrevista, cuenta Cedillo, mencionó también que sus actividades eran protegidas "por un gobernador de Sinaloa".

---

[15] Reportaje de Mario Martini, "Yo asesiné al gobernador Loaiza porque lo ordenaron. *El Gitano* sigue hablando", *Álbum del Recuerdo*, Mazatlán, 1988, pp. 8-11.

El domingo 20 de febrero de 1944, un día antes del asesinato de Loaiza, había sido coronada Lucila Medrano, "una de las más bellas soberanas que han tenido las fiestas de carnestolendas [...] esbelta y esplendorosa", escribió en sus recuerdos Carlos *el Chale* Salazar, en la revista *Álbum del Recuerdo*.

La tragedia y la leyenda han contribuido para que el nombre de Lucila Medrano forme parte de la historia de Mazatlán; no es posible separarla del magnicidio, ni tampoco de esa década. Su reinado se dio en los años más cruciales de la humanidad del siglo XX: los de la Segunda Guerra Mundial. Las páginas de los diarios mazatlecos y de todo el mundo estaban llenas de noticias de la guerra; sin embargo, su presencia, su personalidad reforzó por sí misma el mito de su belleza.

La joven Lucila había ganado el reinado del carnaval con 370000 votos contra 222000 de Carmina de Rueda. Como suele suceder con las reinas de estas fiestas, le brotaron decenas de admiradores a la bella soberana; el reportero del diario *Cronos* la describió embelesado el 6 de febrero de 1944:

Ayer, cuando nos franquearon las puertas de la casa de Lucila, la reina electa del carnaval, nos dimos cuenta de que Mazatlán efectivamente iba a tener como soberana de su fiesta profana a una mujer: así dicho, porque una mujer debe ser siempre el *summum* de la perfección. Encontramos a Lucila nimbada de aromas y aristada con las perfecciones propias de su sexo. Entonces fue cuando pensamos que así como ella debió ser la mujer que confundió Jesucristo: la Magdalena... Después de concedernos asiento, así como presentarnos a su mamá, Lucila ocupa un amplio sofá, cubierta con una roja bata de baño —y es que hemos llegado a la hora en que se disponía a darse el duchazo diario. Sus glaucos ojos están iluminando la escena, el instante, y sus labios nos están revelando sus sentimientos. Mientras el compañero Francisco Peña hace apuntes, Lucila nos obsequia con una sonrisa que nos muestra su marfilínea dentadura. Fue entonces cuando volvió a mi mente una sonrisa: la de Jean Harlow... Todavía al despedirnos, hemos querido imaginarnos la dicha del elegido de su corazón, quien no tiene para disfrutar de esa divina gracia más que serle grato a su padre. Y el que obtenga esa aquiescencia, será el hombre más feliz del mundo.

LA LLEGADA DE LA TELEVISIÓN

Décadas después los habitantes de Mazatlán, como los de otras ciudades sinaloenses, empezaron a perder algo de su encanto al rozarse la ingenuidad de su relativo aislamiento con la cultura homogeneizadora, frívola y vacua que traía consigo la televisión mexicana. Si bien la fortaleza de la identidad sinaloense ha resistido los cotidianos e incansables embates de la cultura de masas, de los medios electrónicos, a partir de los setenta el culto local a la belleza femenina perdió mucho de su encanto pueblerino con la llegada de la televisión en cadena nacional y adoptó tintes de una competencia de frivolidades y arribismos sociales.

Para las reinas de las décadas anteriores los carnavales modernos, es decir, los transmitidos por televisión, perderían buena parte del encanto de lo que se hacía para satisfacción propia y tan sólo con los suyos, para ser interrumpidos con el ojo ajeno de las cámaras a las que había que dar gusto. Cuando interviene la televisión con el programa *Siempre en Domingo*, conducido por el animador Raúl Velasco, el carnaval se puso a disposición de ella.

La televisión cambiaba las rutas de los desfiles, los horarios de las fiestas, las actividades de las reinas, la escenografía del carnaval y sobre todo afectaba la diversión natural de la gente al inmiscuirse como un observador ajeno. Las reinas ya no se daban a sus *súbditos*, a su pueblo, sino que pensaban más en la cámara; ya no querían que las viera la gente sino la lente para aparecer en la pantalla. Tienen razón las reinas anteriores a la era electrónica: se perdía el encanto de la relación personal y el romanticismo de lo modesto pero más propio y auténtico.

DE LAS FALDAS VICTORIANAS A LAS MINIFALDAS

Muy probablemente en la mayoría de las sociedades y culturas del mundo se celebraba desde antiguo la belleza femenina, aun antes de la hegemonía de la cosmovisión judeocristiana occidental. Sin embargo, la historia de la belleza más conocida y extendida es sin duda la de Occidente: la adoración de los encantos femeninos en la tradición europea, a cambio de su sometimiento a la vida doméstica, tiene un larguísimo registro cuya institucionalización fue cobrando vida en la cíclica celebración carnavalera del fin del invierno y el inicio de la primavera.

La elección de reinas de belleza quizá date desde los festivales europeos de la época renacentista: cada hombre que asistía al Festival Vienés recibía un boleto que a su vez entregaba a una mujer de su predilección, y la que recibía más era declarada la ganadora. Las lavanderas francesas celebraban la *Fête des Blanchisseuses*, en la que se seleccionaba a la más bonita del grupo. De hecho, cada pueblo de Europa occidental escogía a su reina por el mes de mayo, aunque en el siglo XIX la Europa victoriana e industrializada censuró por varias décadas dichas tradiciones, revividas posteriormente en la Europa católica para celebrar a la Virgen María.[16]

---

[16] Banner, *op. cit.*, p. 250.

Justo cuando la Inglaterra victoriana, recatada y moralista, se imponía sobre las mentes y corazones de su época, en Estados Unidos el auge de su revolución industrial y la incorporación masiva de las mujeres al mundo fabril empezaron a generar una cultura que fue minando el calvinismo puritano predominante hasta entonces en la antigua colonia británica.

Si el calvinismo puritano prohibía cualquier manifestación que exaltara las sensualidades del cuerpo humano, la mujer estadounidense de la segunda mitad del siglo XIX empieza a romper con tal moral de diferentes formas: una de ellas fue atreverse a exhibir públicamente su belleza como recurso para obtener reconocimiento y promoción social. Desde la óptica del feminismo crítico contemporáneo, se rompía con el corsé de la mujer abnegada, maternal y pudorosa pero se aceptaba el papel de la mujer-objeto bello, lo cual no eliminaba el dominio del macho sobre ellas. Esta lectura, que le asigna valores retroactivos a la historia, exige del pasado un comportamiento deseado desde la visión actual de las cosas, por lo que desdeña cualquier transformación anterior diferente de los valores propios del presente.

Arriesgando una interpretación distinta puede decirse que, en efecto, la mujer no se transformó intelectualmente cuando adoptó el camino que le favorecía el uso profesional del atractivo de su rostro y cuerpo y nada más, pero recurrir a la competencia de la belleza, un valor inevitablemente ligado a la sensualidad, fue un desafío a los tabúes que prohibían la admiración pública de los encantos físicos, rompía con la monolítica imagen de la mujer como ser naturalmente sumiso, virginal, espiritual y doméstico.

Que la mujer fuera observada y valorada por otros atractivos además de los espirituales y se viera como un ser sensual de carne y hueso, aun cuando sólo se tratara de fotografías, de alguna manera rompía con la visión dogmática que predominaba en el conservadurismo victoriano del siglo XIX. Sin duda, el que algunas mujeres salieran del cerco doméstico y utilizaran su rostro y cuerpo para asumir un rol no aceptado por la cultura dominante les otorgaba una categoría de provocadoras, insumisas, rebeldes, cercanas a las hetairas, porque sólo estas utilizaban el cuerpo y no el espíritu para atraer a los hombres.

Durante la segunda mitad del siglo XIX, en Estados Unidos, donde se inició el uso de la competencia profesional de la belleza femenina y en consecuencia su comercialización, mujeres procedentes de las clases proletarias se inscribieron mediante daguerrotipos en los *beauty pageants*, viendo en ellos una posibilidad de salir de la explotación laboral y doméstica; las mujeres burguesas y de las clases medias no se atrevían a desafiar el orden cultural y social que tradicionalmente se les había asignado.

No obstante que las competencias de belleza significaron un desafío a las normas al uso, no fueron las mujeres quienes iniciaron la organización de los concursos, sino los hombres de negocios. Fue precisamente un empresario, P. T. Barnum, quien percibió la posibilidad de convertir los certámenes de belleza en un lucrativo espectáculo comercial.

Con visión mercantil, Barnum lanzó en 1854 la idea de hacer desfilar por primera vez a un grupo de mujeres frente a los jueces que las calificarían, pero ninguna "mujer respetable" aceptó participar, por lo que tuvo que recurrir al auxilio de los daguerrotipos para simular la competencia. A pesar de la sustitución de mujeres reales por imágenes en placas de cobre, el concepto de Barnum tuvo gran éxito, al grado de que a principios del siglo XX diferentes periódicos estadounidenses continuaron con tal espectáculo.[17]

Coincidentemente, en los mismos años en que el movimiento femenino conseguía el derecho al voto, los concursos de reinas de

---

[17] *Ibid.*, p. 257.

belleza se extendían a lo largo del territorio estadounidense. Pero sería después de que finalizara la Primera Guerra Mundial cuando un grupo de empresarios supo combinar la energía de los festivales populares con el refinamiento de los festejos de las élites para celebrar en Atlantic City, Nueva Jersey, en 1921, el primer concurso de Miss Estados Unidos (*Miss America*), que "celebraba a la joven mujer estadounidense como un símbolo nacional de orgullo, poder y modernidad";[18] a partir de entonces pudieron exhibir sus piernas y brazos desnudos más allá de las playas y ser públicamente vitoreadas y honradas. El mundo occidental había tardado siglos en aceptar nuevamente la semidesnudez pública femenina.

LOS PRIMEROS CONCURSOS
DE MISS MÉXICO

Es curioso que en México los primeros concursos de belleza al estilo de *Miss America*, es decir, los certámenes de Miss México, también hayan coincidido con la obtención del derecho al sufragio en la misma década: en 1951 se organiza el primer certamen Miss México, y en 1953 se otorga el derecho al voto a las mujeres mexicanas.

Si la primera *Miss America* fue vista como un símbolo de orgullo, poder y modernidad, treinta años más tarde, con el derecho al voto y la primera Miss México, se pretendía decirle al mundo que también en nuestro país las mujeres por fin habían arribado a la época contemporánea. Dos años después, cuando la jalisciense Ana Bertha Lepe obtiene el cuarto lugar en Miss Universo, la belleza mexicana refuerza el orgullo nacional; la Lepe, a partir de entonces, se convierte por mucho tiempo en un verdadero mito.

---

[18] *Ibid.*, pp. 260-261.

Vistas bien las cosas, no fue una mera coincidencia el logro del voto femenino y la aparición de los concursos de belleza en traje de baño, ambas fueron conquistas políticas y sociales de mujeres diferentes: la primera, de las más intelectuales y politizadas; la segunda, de mujeres desafiantes de los convencionalismos, deseosas de ser vistas, de romper con las riendas patriarcales y hogareñas y promoverse socialmente mediante su belleza.

La opinión feminista podría ser otra, pero ni duda cabe que el movimiento femenino sufragista y la propagación de los concursos de belleza en la misma época, primero en Estados Unidos y luego en México, corresponden a un momento de desafío cultural de las mujeres al dominio patriarcal en la política y las costumbres sociales. Cierto es que los concursos de belleza femeninos desde un principio estuvieron sujetos a intereses comerciales en manos masculinas, pero el hecho de que se exhibieran cuerpos semidesnudos, antes pertenecientes a la exclusiva esfera de lo privado, no dejaba de ser un hecho de ruptura.

El presidente Miguel Alemán Valdés era el primer convencido de que por medio de la americanización de México se llegaría a la modernidad y para ello acudió a todo recurso que ayudara a concretar tal empresa; dos de sus armas favoritas fueron la creación de la industria televisiva y el impulso a la actividad turística. Los seguidores del entusiasmo alemanista incluyeron dentro de esta estrategia los primeros concursos nacionales de belleza.

"Como parte del éxtasis del sexenio de Miguel Alemán apareció en 1951 el concurso de Miss México para renovar, continuar e internacionalizar la tradición de reconocimiento de [orgullo ante] la belleza mexicana", dice Carlos Monsiváis en "Miss México", de su libro de ensayos *Amor perdido*. Y continúa:

...podían ser Reinas de la Primavera, reinas de los estudiantes, reinas del baile Blanco y Negro, reinas del Carnaval [...] reinas de los clubes deportivos, reinas de los Leones y los Rotarios, interminables reinas por un día en medio de la emoción de las familias y la conmoción de las amigas del alma. Pero, siendo ya preciso trascender las ambiciones locales y conducir a los aparadores a las mexicanas contemporáneas de todas las demás mujeres del mundo, se creyó oportuna la participación en un certamen mundial...[19]

Justo en esa misma década, concretamente en 1958, se conoce el primer caso de una reina de belleza sinaloense ligada a un capo, que curiosamente no nació en Badiraguato o Culiacán sino en Chicago y era sobrino del legendario mafioso Vittorio Giancana. La Señorita Sinaloa, Kenya Kemmermand Bastidas, nacida en Mazatlán, conoció al gánster en un viaje que hizo para promover al puerto en 1960 y se casó con él; de Chicago se trasladaron a Casteldaccia, Sicilia, donde fue asesinada. Kenya sería la primera de las reinas de belleza asesinadas por su relación con un capo.

EL INICIO SINALOENSE EN LAS COMPETENCIAS DE BELLEZA

En Mazatlán, aun antes de que se eligieran reinas del carnaval, ya en el remoto año de 1891 varias muchachas de las élites locales se animaron a participar mediante el envío de sus fotografías (en realidad placas secas) a un concurso nacional de belleza organizado por el diario capitalino *El Universal*. Jóvenes damas de alcurnia sinaloense, como Soledad Escovar, Manuela O'Ryan, Laura Careaga, Mercedes Osio, Matilde Iriarte, Concepción Medina, Elodia Tapia, de Mazatlán, y Beatriz Redo, de Culiacán, sentaron el pri-

---

[19] Carlos Monsiváis, *Amor perdido*, Era/SEP, Lecturas Mexicanas 44, segunda serie, México, 1977, p. 212.

mer precedente de competir en un certamen de belleza con otras mexicanas.[20]

Después de esta temprana experiencia, Sinaloa se sumaría varios años más tarde a la competencia nacional de la época televisiva: en 1966 se seleccionó a la primera Miss Sinaloa, aunque ya desde 1953 Ana Lilia Xibillé, sinaloense avecindada en la ciudad de México, participó en el certamen y ocupó un lugar entre las finalistas.[21]

En realidad, por lo menos las primeras cinco misses de Sinaloa fueron designadas y no electas; no había concursos. Las sinaloenses no parecían muy ansiosas de ser reconocidas fuera de su territorio, o simplemente no había interés en el estado por complicarse la vida en un borlote nacional. Fue Héctor Díaz Valdez, columnista de las páginas de *El Sol del Pacífico*, de Mazatlán, quien se decidió a iniciar la competencia corporal de las mujeres de la región, desatando una fiebre que no ha encontrado vacuna desde entonces.

Díaz Valdez, por cierto, tuvo hasta su muerte el monopolio de los concursos y un criterio indisputable para decidir a lo largo de veinticinco años quién era la mujer más bella de Sinaloa. Con justificada razón el famoso creador de la columna "Arsénico y encaje" de la página de sociales llamaba "mis hijas" a las designadas como Señorita Sinaloa; él había influido decididamente para que lo fueran.

A diferencia de lo que sucedió con los primeros concursos de belleza en Estados Unidos, donde los empresarios se apoderaron de ellos al ver su potencialidad como espectáculo, en Sinaloa su organización, al menos durante los años de Héctor Díaz Valdez, quedó en manos de personalidades de la comunidad gay de Mazatlán y otros municipios del estado.

---

[20] *El Correo de la Tarde*, Mazatlán, 7 y 9 de febrero de 1891, p. 2.

[21] Entrevista de Francisco Pérez a Héctor Díaz Valdez, *El Sol del Pacífico*, Mazatlán, 1º de junio de 1991.

LOS AÑOS DE LA CULTURA
ANÓNIMA

De cierta manera, hasta el año de 1970 Sinaloa vivía satisfecha el culto endógeno a sus mujeres. No expresaba gran entusiasmo por demostrarle al resto de México que en su territorio nacían jóvenes espléndidas, aunque nadie podía disputarle en todo el entarimado nacional, aun sin saberlo, la creación de incontables tronos de belleza en cada escuela y club social de la entidad.

No era del todo desconocido en otros rincones mexicanos que en Sinaloa la naturaleza le había concedido la armonía de las formas a sus mujeres; incontables viajeros lo atestiguaban, incluido, según dice la leyenda, el mismo presidente Miguel Alemán, que se llevó de Culiacán a dos bellísimas hermanas como amantes de postín.

Quizá esa fue una de las razones por las que muchos hombres llegados de tierras donde se hablan otras lenguas decidieron encallar en Mazatlán y distribuirse a lo largo del estado. Uno de esos viajeros del siglo XIX, no extranjero y sí uno de los más ilustres que han besado las tierras sinaloenses, Amado Nervo, decía en un artículo llamado "Una marsellesa en Mazatlán": "La noche del 14 de julio había en la plaza de Machado una serenata, de esas serenatas mazatlecas que congregaban a diario a las divinas porteñas, vestidas de blanco y olientes a jazmín, a mujer y a mar... Trinidad invisible de aromas".[22]

En Sinaloa, de hecho, no hay municipio donde no haya descendientes de viajeros llegados de Europa, Asia, Sudamérica, Estados Unidos o de otras regiones mexicanas; a mediados del siglo XIX alrededor del cinco por ciento de la población mazatleca procedía de otros mares. Pero con todo y los relatos de los visitantes

---

[22] *El Correo de la Tarde*, Mazatlán, septiembre de 1881, núm. 51.

que pasaban por la región, la realidad es que su cultura y su gente fueron un tanto anónimas para el resto de México hasta mediados del siglo xx.

De alguna manera suena paradójico que Sonora y Baja California, entidades más al norte, tuvieran una poderosa presencia en el teatro nacional y Sinaloa menos, pero ya desde la época cardenista la Baja se había convertido en el El Dorado de miles de mexicanos al volverse una zona de libre comercio y compartir fronteras con la Alta California, que vivía un frenesí económico incomparable; Tijuana y Mexicali empezaban a ser palabras benditas para incontables personas en busca de mejores oportunidades de trabajo y vida.

Sonora, desde la huelga de Cananea en 1906, se había situado con fuerza en el imaginario revolucionario mexicano. La gloria de sus generales victoriosos Álvaro Obregón y Plutarco Elías Calles entronizó al estado de los desiertos y valles en la política nacional; los sonorenses comandaron al país por casi quince años y no había manera de desconocer a lo largo y ancho de la República que en su tierra se hablaba fuerte y además tenían mujeres de antología. A resultas de la Revolución de 1910, el primer gran tema del cine mexicano fue precisamente su homenaje, propagandización y conversión estética, donde los héroes y heroínas eran norteños.

Los sonorenses fueron los triunfadores de la lucha, aunque el celuloide también se rindió a los pies del derrotado duranguense Pancho Villa debido a su carisma. Pero no tan sólo los héroes y heroínas fueron norteños, con excepción de Zapata, lo mismo varios de los actores y actrices del cine de la Revolución: Elsa Aguirre, de Chihuahua; Dolores del Río, de Durango; el Indio Fernández, de Coahuila; María Félix y Columba Domínguez, de Sonora. María Félix por sí sola daba a conocer la belleza legendaria de las mujeres sonorenses a los que querían admirarla.

Sinaloa dio un héroe revolucionario de talla nacional en Salvador Alvarado pero sus generales no pudieron escalar las alturas de los sonorenses o duranguenses, por lo que su nombre quedó relegado de los grandes tinglados del país y en la historia oficial de la Revolución. En la llamada *Época de Oro* del cine mexicano no brillaron en la imagen mujeres de la región a diferencia de sus actores, como Pedro Infante y José Ángel Espinoza Ferrusquilla, los dos más grandes, pero si alguien puso en el imaginario de las mayorías nacionales el nombre de Sinaloa fue Pedro Infante. Con él, Guamúchil y no Mazatlán, donde nació, pasó a ser, por medio del carpintero cantor, el Macondo de México, un pequeño pueblo del que todo el mundo había oído hablar pero que casi nadie conocía.

Fue entonces, por medio del cine y de Pedro Infante, que Sinaloa logró aparecer como una tierra con encanto ante otros balcones mexicanos pero sus mujeres, tan parecidas a las sonorenses, seguían sin escenificarse nacionalmente. Su fama de bellas era más bien de consumo interno, aunque compartieran la trascendencia generalizada que ya lograban las norteñas con el invento de los hermanos Lumière. Fue mediante otras expresiones de la cultura de masas, como los concursos de belleza y el Carnaval de Mazatlán transmitidos por la televisión, que se conoció el orgullo local por la belleza de sus mujeres.

Ya antes José Alfredo Jiménez, de la tierra donde, decía él, la vida no vale nada, había compuesto en los sesenta, a desafío de los propios mazatlecos, el "Corrido de Mazatlán", con el cual le canta a la belleza de las sinaloenses, pero la observación quedaba en el verso "esas mujeres que tienen por mujeres, ante las rosas las pueden comparar, porque el aroma que tienen los claveles, lo tienen ellas y tienen algo más", dentro de un conjunto que describe alegremente al puerto.

LA PANTALLA EN CASA

Con los Juegos Panamericanos de Winnipeg, en 1967, los Juegos Olímpicos de la ciudad de México en 1968 y la Copa Mundial de Futbol en 1970, Televisa extendió prácticamente a cada esquina de la República el imperio de sus transmisiones, de las cuales Sinaloa no podía escapar. Desde la capital las emisiones de Televisa, cuyo nombre era entonces Telesistema Mexicano, marcarían el inicio de un proceso de homogenización en no pocas parcelas del consumo y comportamiento cultural de la sociedad.

La empresa de los Azcárraga, O'Farril y Alemán rompería muchas barreras regionales, imponiendo valores culturales y políticos de las clases medias y élites sociales conservadoras de Hollywood y la ciudad de México, pero a su vez, de una manera más masiva que nunca, por medio de la pantalla casera los mexicanos podían conocer algunos aspectos de la vida de otras regiones que no eran la propia. Fue mediante la televisión que el país supo que, además del Carnaval de Veracruz, había otros, por ejemplo el de Mazatlán, y que lo que decía José Alfredo Jiménez de sus mujeres era harto cierto.

LIBIA ZULEMA LÓPEZ MONTEMAYOR, PRIMERA REINA NACIONAL SINALOENSE

El mismo año en que se celebró la Copa Mundial de Futbol en México una sinaloense ganaba por primera vez el concurso de Miss México, y la magia de la imagen electrónica la exhibía a nivel nacional; Sinaloa debutaba con pie derecho en los concursos de belleza difundidos en vivo y en directo en cadena nacional. Ya un año antes el Carnaval de Mazatlán había sido transmitido por el Canal 13 a todo el país pero con una escasa audiencia, porque cuando era pública esa empresa no conseguía mucho auditorio. El mismo carnaval mazatleco debutó al año siguiente en las pantallas del poderoso Canal 2 por conducto del ubicuo programa *Siempre en Domingo* y su profeta, Raúl Velasco. Para los viejos carnavaleros la aparición de Mazatlán en la maratónica presentación dominical fue como llegar al cielo: ¡por fin se enteraría México de lo que era un verdadero carnaval, el propio, y además vería la clase de mujeres que produce la monarquía sinaloense!

Uno de esos raros años mazatlecos, 1970 fue quizá el único en que se convocó a participar a jóvenes damas de otros municipios del estado para ganar el reinado del carnaval porteño. Una muchacha guasavense de arrolladora simpatía y frescura, de diecisiete años, se llevó la gloria; de reina del Carnaval de Mazatlán a ser Miss Sinaloa sólo la distanciaron unos cuantos meses.

Pocos días antes de que iniciara el Mundial de Futbol de 1970 se celebró el concurso de Miss México en la capital de la República, el cual ganó la guasavense y se vio en todo el país por medio de la pantalla casera. La televisión mexicana presumía mucho sus transmisiones en cadena nacional, que sólo entonces habían empezado pero aún tenían muchas fallas: fugas súbitas de la pantalla, cortes de emisión inesperados, estática, imágenes borrosas, entre otros defectos técnicos. Curiosamente este tipo de insuficiencias, que en muchos estados incluían la interrupción de la señal alrededor de la medianoche, contribuyeron a que en Sinaloa y más particularmente en Guasave la disputa del trono de belleza mexicana tuviera visos dramáticos.

En la Tierra de la Tambora ya estaban decididos a demostrar que sus afroditas eran poseedoras de un diseño corporal afanosamente esculpido por la genética regional y digno de ser presumido más allá de El Carrizo, al filo de Sonora, y La Concha, en la frontera con Nayarit; por eso el día de la final del certamen estaban todos literalmente pegados a los televisores.

Alrededor de la medianoche, después de una monótona y laberíntica presentación de las concursantes, de súbito se cortó la señal televisiva en Sinaloa; justo antes se habían dado los nombres de las finalistas, entre las que se encontraba la Señorita Sinaloa. Nadie en el territorio de los once ríos pudo seguir el desenlace del concurso Miss México 1970 excepto la mamá de la Venus del río Guasave, quien al momento de la interrupción se apropió del teléfono de la casa sosteniendo por largos minutos una charla con alguna persona que estaba en el hotel Camino Real, lugar donde se celebraba el evento, mientras se leía el nombre de la chica triunfadora. Finalmente, la señora Montemayor de López escuchó lo que deseaba: Libia Zulema López Montemayor era la primera Miss México nacida en Sinaloa.

Libia Zulema López había llamado la atención de la gente de la capital por su carácter fresco, ocurrente y espontáneo, como es abundante en Sinaloa, en particular en el corredor al norte de Culiacán, y además había regalado sonrisas y exhibido unas espléndidas piernas muy representativas de la genética predominante en la región. Su mamá salió a la calle a contagiar su alegría, y el baile empezó en ese mismo momento: la tambora dejó de sonar hasta el amanecer. La nueva reina de belleza tardó una semana en regresar a Guasave para festejar con los suyos el máximo título de la aristocracia de las formas del cuerpo, agregando expectación a su recibimiento. La misma Libia Zulema cuenta la historia:

Cuando llegué a Guasave hicieron algo nunca visto, incluso más grande que cuando llegó el candidato [presidencial] Luis Echeverría a hacer su campaña; de eso me acuerdo muy bien porque yo fui madrina de ramo para recibirlo —rememora la reina de 1970—. Sí, era un tumulto de gente el que le dio la bienvenida, pero recuerdo que cuando me recibieron a mí fue algo casi de película: había gente de todas partes por todos lados, incluso trepados en las azoteas. Había mariachis, tambora, tríos; una manifestación gigantesca. Desde la entrada me llevaron directamente a la iglesia de la Virgen del Rosario para que le diera gracias a Dios y a la Virgen por el triunfo: al subir la escalera no podía dar un paso, estaba toda llena, con gente arriba de las bancas; era impresionante. Tengo fotos donde estoy hincada en el altar, y se me ven las lágrimas y muchas mantillas en la cabeza que la gente me ponía [...] yo me sentía muy rara porque [...] como que me querían tentar, a ver si era de verdad o de mentira...[23]

Cuando ganó por primera vez una reina de Sinaloa un concurso nacional de belleza, su pueblo natal se volcó a recibirla con las mismas ansias de reconocimiento y triunfo con que acogían en la ciudad de México a los heroicos boxeadores de los años cincuenta. Libia Zulema se había convertido en una verdadera diosa: encarnaba la identidad guasavense y también la sinaloense.

Al mismo tiempo que Libia Zulema hacía aflorar la inocencia parroquial que todavía sobrevivía en Guasave al adorarla por haber puesto su nombre en las entrañas de la nación mediante el encanto de su belleza, transmitida por la magia de la televisión de costa a costa y del Bravo al Suchiate, ella rompía audazmente con el recato de las mujeres de generaciones anteriores al mostrar con naturalidad sus encantos en más de un lugar; tal era la exigencia de la cultura juvenil en muchas partes del mundo.

En las ciudades sinaloenses las chamacas del solar, de por sí insumisas, adoptaron con fe la nueva conducta y sus modas, la minifalda entre ellas; había prisa por vestirlas porque había riquezas que mostrar. Libia Zulema la portaba mejor que nadie: al llegar al aeropuerto de Mazatlán, después de ganar en la ciudad de México

---

[23] Entrevista del autor a Libia Zulema López Montemayor, Mazatlán.

El Carnaval de Mazatlán ha conocido numerosas dinastías, como las de las familias Rosete Aragón, Rivas, Coppel y De Rueda. En la imagen se observa a Lupita Rosete Aragón, quien fue reina en 1960.

Lucina Rosete Aragón fue reina del Carnaval de Mazatlán en 1963.

Ana María de Rueda
fue reina del Carnaval
de Mazatlán en 1961.
Ese año se estableció el
denominado *corcholatazo*,
que consistía en otorgar
el triunfo a la reina que
reuniera más corcholatas.
Gracias a esta práctica
se eliminó el oligárquico
dedazo permitiendo que la
competencia se abriera a
un proceso relativamente
más democrático.

Yolanda de Rueda fue reina
del Carnaval de Mazatlán
en 1975.

El reinado de Lucila Medrano en 1944 estuvo marcado por una tragedia que sacudió a todo el estado de Sinaloa: el asesinato del gobernador Rodolfo T. Loaiza. Este carnaval es uno de los más recordados por los sinaloenses.

No fue hasta 1962, con Isela Wong, cuando el concurso lo ganó una joven en condiciones sociales menos privilegiadas que las anteriores. De hecho la elección de la reina se llevó a cabo nuevamente por el *corcholatazo*.

En 1970, Libia Zulema López se convirtió en la primera Miss México nacida en Sinaloa. Así también, nació una generación de mujeres sinaloenses que rompía con ciertos sometimientos de las costumbres de esa época.

Libia Zulema Farriols, hija de Libia Zulema López, continuó con el legado que dejó su madre en la participación de los certámenes de belleza al convertirse en Señorita Sinaloa 1992.

Amina Blancarte, emparentada con los De Rueda, es otra de las reinas que proviene de reconocidas familias mazatlecas. Fue reina del carnaval en 1993, así como ganadora de Nuestra Belleza Sinaloa 1994 y Nuestra Belleza Internacional 1995.

Astrid Macías, la Reina Valiente, ganadora del carnaval de 2010, fue una candidata inusual, ya que renunció a hacer campañas propagandísticas tradicionales. Al mismo tiempo, se preparó esmeradamente con la lectura de libros sobre temas mazatlecos.

A escasas semanas de que Laura Zúñiga fuera electa Nuestra Belleza Sinaloa en 2008, lo destacado de su historia se desvió de la nota rosa a la roja.

El 22 de diciembre de 2008, Zúñiga fue detenida junto con un grupo de hombres armados en Zapopan, Jalisco. No obstante, al poco tiempo fue liberada de toda culpa. Por su parte, el director de cine Gerardo Naranjo se basó parcialmente en su caso para filmar la película *Miss Bala*, sobre la que Laura señaló: "Todo lo que dicen ahí es mentira".

María Susana Flores Gámez, Miss Sinaloa 2012, se convirtió en la primera reina de belleza que murió en un enfrentamiento entre militares y sicarios el 24 de noviembre de 2012. Según la información oficial, Flores Gámez habría empuñado un cuerno de chivo y enfrentado a los soldados durante el tiroteo.

A diferencia de muchas reinas, se dice que Flores Gámez no fue presionada por narcotraficantes, sino que decidió vincularse en estos asuntos por medio de su pareja sentimental, un jefe local del cártel de Sinaloa conocido como *el Cholo* Iván. En la imagen se aprecia el mausoleo de Susy —como le llamaban— decorado con globos, fotos y velas.

En Sinaloa también hay lugares como La Fogata o Pepe Toro, donde se han organizado certámenes de belleza gay. *La Capri* podría considerarse el travesti más exitoso del sur de Sinaloa.

Micky Bustamante es un joven mazatleco andrógino, ganador de Miss Sinaloa Gay 2012. Micky es un gran ejemplo de la vanguardia gay de Mazatlán. Se ha apoyado en las redes sociales para publicar sus videos, sus fotos y su biografía.

y descender del avión, una foto de antología la captó en todo su esplendor, obsequiando la imagen de sus muslos y piernas sin un centímetro oculto.

Libia Zulema no quiso esconder el atractivo de unas extremidades esmeradamente talladas, como las piedras curveadas y lisas de un río: era la reina de la belleza mexicana en el inicio de la revolución sexual y cultural, y simbolizaba el comienzo de una generación de mujeres sinaloenses que rompía con ciertos sometimientos de las costumbres. En esa nueva década empezaban a nacer las niñas que pocos años después llenarían las aulas universitarias, superando por primera vez el número de hombres que asistían a clases. La adulación a su belleza no detuvo a la mayoría de ellas para romper cercos educativos, sociales y psicológicos de siglos.

EN EL UMBRAL DE LOS NUEVOS ACTORES
SOCIALES

Entre las décadas de los cincuenta y sesenta México todavía era un país en muchos sentidos ingenuo, casi infantil y al mismo tiempo ansioso de líderes y héroes populares. También deseaba el reconocimiento internacional, particularmente de Europa y Estados Unidos; por eso los personajes o los grupos que llegaban a arañar triunfos o reconocimientos en el extranjero eran vistos casi como dioses. Tal desesperación de la idiosincrasia del momento recibía embriagada en los cincuenta a Ana Bertha Lepe por su cuarto lugar en el *Miss Universe* de 1953; en 1957 a los Niños Campeones de Monterrey, que habían ganado en Estados Unidos un importante torneo de beisbol; en la misma década y la siguiente a los boxeadores Raúl *el Ratón* Macías; José Becerra y José Medel, quienes a pesar de nunca haber ganado los campeonatos mundiales de

113

su división aun con el auxilio de la Virgencita de Guadalupe, caían como los buenos, con la cara al sol y sin rajarse.

Humberto Mariles a caballo en 1948 y Joaquín Capilla, clavándose en la piscina en 1956 con la gracia de Dios, habían salvado el orgullo de la patria ganando medallas olímpicas. También en los cincuenta Beto Ávila regresó como héroe, y este sí victorioso porque fue el mejor bateador de la Liga Americana en el beisbol de Estados Unidos. *El Pelón* Osuna y Antonio Palafox, entre muchos triunfos más, llevaron a la gloria a México al disputar la final de la Copa Davis en 1962 a pesar de haber perdido por marcador aplastante: fueron otros de los héroes de la época aunque no se ciñesen los laureles de la victoria última. Los futbolistas siempre traían puras vergüenzas.

Al final de los sesenta llegaron, ahora sí, algunas conquistas de la cumbre. Vicente Saldívar se ajustó el cinturón de campeón mundial de peso pluma, pero los máximos laureles, deseados angustiosamente porque los reconocimientos internacionales no arribaban, finalmente amanecieron con las nueve medallas olímpicas de 1968 que, de paso, lograron hacer olvidar a la inmensa mayoría despolitizada de los mexicanos el odio y la represión mortífera desatados días antes contra los estudiantes. ¡Por fin!, *el Tibio* Muñoz, joven esmirriado y poderoso tritón, daba la presea más alabada, celebrada y recordada por los hijos del águila y la serpiente, que así veían colmadas sus ansias de demostrar que "como México no hay dos".

Esa era la llamada que México estaba esperando para ingresar al primer mundo, mucho antes de que Carlos Salinas de Gortari firmara el Tratado de Libre Comercio de América del Norte. No vengan con cuentos de que el economista de Harvard fue el primero en invitarnos a la fiesta de los ricos; ya décadas antes Miguel Alemán Valdés y Gustavo Díaz Ordaz habían sembrado tal ilusión. Los pocos pero primeros triunfos de calidad internacional de los mexicanos así lo hacían creer, pero el sueño de la inocencia virginal ya terminaba: el movimiento estudiantil del 68 era el primer *bang*.

El himen de la castidad política de las generaciones nacidas en los cuarenta y a principios de los cincuenta se desgarró en el 68, pero también a lo largo de los setenta; Sinaloa vio en esa década cómo su juventud se veía envuelta en los sueños mal digeridos de un cambio radical de la sociedad. En gran medida las masacres de Tlatelolco y Jueves de Corpus, así como la represión local del gobernador Antonio Toledo Corro, soliviantaron y arrojaron a la brava aventura a cientos de jóvenes que fueron bautizados con el mote de *enfermos* porque decían que estaban inoculados con el *virus de la revolución*. Sin embargo, en el estado había todavía ínsulas de ingenuidad en las costumbres, mezclada con el rompimiento vanguardista de su juventud en no pocos de sus comportamientos y manifestaciones culturales.

En los setenta también empiezan a aparecer con fuerza actores sociales anteriormente poco significativos en la sociedad sinaloense: por un lado las clases medias con sus reclamos sociales y políticos democratizantes, y por otro los cada vez más poderosos narcotraficantes; ambos reclaman un lugar visible en la estructura de poder, incluso en sus elementos simbólicos. El culto y la competencia de la belleza, tan significativos en la cultura local, serían un terreno a disputar por esos emergentes actores sociales. En el caso particular de Mazatlán, las nuevas clases medias y los narcos entraron en la lucha por la monarquía del carnaval y toda su simbología de poder.

CAPÍTULO 3

El poder del narcotráfico y de las reinas de belleza

En los años setenta aparecen los primeros grandes personajes del narcotráfico sinaloense, los que empiezan a merecer corridos con su nombre. En Culiacán se dio a conocer oficialmente una "campaña contra el narcotráfico" ante la presencia de Richard Kleindienst, procurador de justicia de Estados Unidos, y un periodista de la NBC. Ésta fue la década de Manuel Salcido, *el Cochiloco*, oriundo de San Ignacio, Sinaloa, y de Pedro Avilés, nacido en la Ciénega de Silva, Durango, este último convertido en el *chaca* de la droga en Sinaloa. Ésta fue la década de la colonia Tierra Blanca, la legendaria guarida de los narcos en Culiacán, y de la Operación Cóndor, una de las campañas militares más famosas que se hayan lanzado contra los narcotraficantes en el Triángulo de Oro mexicano, donde colindan los estados de Sinaloa, Durango y Chihahua, que conformaba el corredor de la industria de la droga más importante de aquel entonces.

El Cochiloco había establecido sus dominios en Mazatlán, ciudad que le era más cercana que Culiacán por haber nacido en un poblado aledaño al puerto. Manuel Salcido, encarcelado en 1974, muy pronto se convirtió en una figura célebre por conducto de los corridos que le compusieron, como el del Gallo de San Juan, y de las múltiples leyendas que se tejían en su nombre. De Pedro

Avilés, una de las composiciones escritas en su honor decía que era "el más grande de los siete del reinado" y, efectivamente, la DEA, la famosa agencia antidrogas estadounidense, lo tenía en sus listas al lado del *Cochiloco*. En esa época los narcos, además de su creciente poderío económico, empezarían a tener una cada más visible influencia social y cultural en la sociedad estatal.

La narcocultura sinaloense comenzó a tomar brío alrededor de Miguel Ángel Félix Gallardo, el Jefe de Jefes, y *el Cochiloco*. Una de las primeras historias épicas cantadas a un narco fue el corrido dedicado a Manuel Salcido, quien, dice la canción, fue "un amigo muy bragado / de esos que nacen muy pocos / nacido allá en Sinaloa / en el pueblo de San Juan / distrito de San Ignacio / cerca de Coyotitán / pero al correr de los años se fue para Mazatlán / de Sinaloa a Jalisco todo mundo lo respeta / [...] Dicen que ese hombre es muy malo / señores, yo no lo creo / porque es sagaz y valiente / por eso le tienen miedo / pero en el fondo de su alma / es un amigo sincero [...] Aquí termina el corrido / de Manuel *el Cochiloco* / amigo de los amigos / y azote de los malosos". Esta apología al Gallo de San Juan, como también era conocido, no alcanzó la notoriedad nacional del corrido "La banda del carro rojo" cuando lo empezaron a interpretar, en 1975, Los Tigres del Norte, el famoso conjunto norteño de Rosamorada, pequeño pueblo del municipio de Mocorito. "Este corrido —dice Luis Astorga, el más acucioso investigador del narcotráfico mexicano— marca el comienzo de una versión histórica y musical inédita, que crea y recrea la sociodisea del tráfico de drogas y de los traficantes..."[1]

El Cochiloco acumuló tanto poder que se rodeó de una sólida coraza social y una impunidad que sólo podía entenderse por la pro-

---

[1] Esta cita y el resto de los datos que aparecen en este apartado se tomaron del libro de Luis Astorga *El siglo de las drogas,* Espasa-Hoy, México, 1996, pp. 115-166.

tección policiaca que había comprado. En un artículo periodístico de 1976, escrito por Javier López Moreno en *El Día*, diario capitalino, se daba cuenta de que Manuel Salcido había asistido al sepelio de su padre en Mazatlán: "Ninguna autoridad lo molestó. Todos supieron que ahí estaba y hasta lo vieron desfilar en el cortejo fúnebre, pero nadie intentó su reaprehensión [ya que antes se había fugado de la cárcel de Culiacán]. Asistió protegido por una docena de tipos que portaban armas de alto poder", terminaba diciendo la nota.

El Cochiloco y en general el conjunto de los narcotraficantes recurrieron a una amplia gama de mecanismos y actividades para forjar su legitimación social: son incontables las anécdotas acerca de la dispendiosa generosidad de los narcos para regalar dinero entre la población rural de sus dominios territoriales. El semanario mazatleco *La Talacha* decía el 17 de octubre de 1991:

> [*El Cochiloco*] llegó a tener tanta fama que la mayoría de los ciudadanos sinaloenses lo consideraban una leyenda [...] por todo Sinaloa se conocían los hechos delictivos que cometía gente al mando de Salcido Uzueta, pero también volaban de boca en boca relatos de la bondad del traficante, que ayudaba a todos los que se acercaban a pedirle algún favor. Su fama creció aún más cuando se contaban en tertulias serranas y campesinas las muchas conquistas que hacía entre bellas jóvenes de la región.

Ciertas o no, hay cientos de versiones populares acerca de cómo Manuel Salcido, Rafael Caro Quintero, Amado Carrillo Fuentes, *el Mayo* Zambada y *el Chapo* Guzmán, invertían cientos de millones en obras públicas para beneficio de sus pueblos.

En numerosas ocasiones estos legendarios narcos y otros menos carismáticos pero igual de poderosos, como los hermanos Arellano Félix, apadrinaron a generaciones de estudiantes universitarios y a reinas de belleza, incluidas aspirantes a la monarquía carnavalera de Mazatlán. Por ejemplo, en 1988 *el Cochiloco* se empeñó en que Rosa María Zataráin se convirtiera en la soberana, pero el azar decidió que lo fuera Rebeca Barros de Cima, perteneciente a una familia de la alcurnia *pata salada*. Una flor escogida a la suerte y un apagón que dejó en penumbras el escenario de la competencia al momento de saber quién era la afortunada, establecieron que la ganadora era la señorita Barros de Cima; sin embargo, el Gallo de San Juan, mediante varios de sus pistoleros, impuso que la joven dama que él promovía apareciera durante el desfile de los carros alegóricos por delante de la reina de las carnestolendas, violentando el ritual monárquico carnavalero. Aunque a medias, el capo hizo sentir su poder en la más grande de las fiestas sinaloenses.

Fuera de Sinaloa, en 1980, una reina de belleza chihuahuense, María Dolores Camarena, quien se quedó con el quinto lugar del concurso Señorita México, a pesar de ser "excepcionalmente discreta", escribe el periodista Francisco Cruz en su libro *El cártel de Juárez*, se hizo novia de un policía federal que le regaló un carro último modelo y dio así sus primeros pasos en el resbaladizo y peligroso mundo del narco. La prensa de la capital del país halagaba su talle, los ojos oscuros y sus dientes blancos y perfectos: "Lolita —narra Francisco Cruz— tenía una cara hermosa, simétrica, de seda, dulce de formas, limpia de maquillaje. Sus medidas se acercaban a la perfección".

Lolita Camarena, como muchas más reinas de belleza, no pudo evitar que comandantes de la policía, políticos y narcos, que con frecuencia son los mismos, pegaran sus ojos en ella y desataran una persecución para conquistarla. Y así fue: cayó en las redes de un comandante-narco. Pronto fue atrapada y juzgada en Estados Unidos, donde depositaba dinero de los narcos de Ciudad Juárez; cincuenta y ocho veces registró ingresos en los bancos texanos y por eso el juez pidió para ella más de doscientos cincuenta años en una prisión federal, narra la prensa fronteriza de 1987. Ésta no sería la primera ni la única tragedia de una reina de belleza ligada al narco, seguirían varias más. La belleza y el dinero se atraen, como la miel y las abejas.

CONCHITA Y REGINA GONZÁLEZ FRANCO

La proliferación de los concursos ha permitido que algunas jóvenes de origen humilde se conviertan en reinas del carnaval, señoritas Sinaloa, señoritas México, modelos o destaquen en alguna otra profesión de la imagen. De los años ochenta en adelante, bellas adolescentes como Elizabeth Broden, Señorita México; Leticia Arellano, reina del Carnaval de Mazatlán y Señorita Sinaloa; Abris Ileana Tiznado, reina del Carnaval de Mazatlán; Laura Zúñiga, Reina Hispanoamericana en 2008, surgieron de modestos barrios sinaloenses para apoderarse de los símbolos de la belleza y la admiración, máximos reconocimientos públicos que ha otorgado la cultura regional a sus mujeres.

A escala de los municipios o de poblaciones menores también se manifiesta tal hecho: cualquier población del estado puede contar una historia en la que la joven y bella mujer de condición modesta logra el reconocimiento social mediante la conquista de un trono de relevancia. Así sucedió con Conchita y Regina González Franco, hermanas y señoritas Cosalá.

Conchita narra su historia:

Fui princesa del Colegio de Bachilleres de Sinaloa, reina de la Universidad de Occidente en Culiacán, reina de las embajadoras en La Cruz de Elota y Señorita Cosalá en 1986. Soy de la primera generación de reinas de la familia; anteriormente mi mamá no participaba porque eso como que era sólo para ciertas familias. Esta inquietud de participar en concursos de belleza todo mundo la tiene, es más que nada para sentirse aceptada por la gente: no es tanto que te veas muy bella, sino que te aplaudan y te acepten. Yo lo siento así, porque mujeres bonitas hay miles. Cuando ganas, la gente te quiere, es como un reto y dices: "Qué interesante que la gente me acepte".

Cuando fui reina de la universidad me di cuenta de que es bien bonito que la gente te acepte. Esa ocasión me dije: "No creo que esté muy chula pero qué bueno que me acepte la gente, que me quieran y que quieran que yo sea su reina". Con los concursos maduras de cierta forma porque te das cuenta de que hay muchos gustos. Yo sabía que no le iba a caer bien a todo el mundo, pero trataba en forma espontánea de que así fuera; si no me aceptaban, pues ni modo. Esas cosas ayudan mucho en lo personal.

Buscaba la aceptación de la gente por vanidad natural de la mujer. Uno, como ser humano y dentro de la sociedad, tiene necesidad de aceptación; y aquí en Sinaloa, porque hay tantos reinados, como mujer dices tú, dentro: "Yo también". Me gusta la observación de los hombres, pero que sea bonita, y de las mujeres también, porque tenemos necesidad de reconocimiento entre nosotras mismas. A mí me gustaría que todas se sintieran bien y reinas de donde son. El hecho de que lo haya sido no me hacía ser más que otras mujeres, yo nunca me creí bonita. Ya con el tiempo me fui dando cuenta de que cada quien tiene lo suyo; ves una morena altota, de ojos verdes y que está guapísima, y dices: "Yo no soy eso, pero tengo lo mío y ella tiene lo suyo". Mi mamá y mi papá forman parte de la tradición, son bien *lurios*: "Se siente tan bonito que ganen las hijas", dicen las mamás. Hay algunas que cuando todavía no tienen a las suyas en esos concursos, dicen: "Ay, qué esperanzas de que mis hijas anden en esos trotes", pero ya que las tienen quieren que sobresalgan de alguna manera. Aquí en la familia, mis padres de forma increíble nos han apoyado a todas, tres hermanas hemos sido reinas.

Las muchachas de Cosalá son muy bonitas, tienen una belleza muy especial, aunque en otros pueblos también las hay. Tienen un temperamento fuertecito; el necesario. Cuando concursé tenía el nervio que a todo mundo le da, pero hacía lo mejor que podía de mí; caminar por una pasarela no son chicles motita, no es muy fácil. Cuando ganas sucede algo medio raro porque mucha gente se te acerca y otra se aleja; te comprometen en muchas cosas. No tienes derecho a estar deprimida cuando eres elegida. Siempre tienes que andar muy bien arregladita. Otros piensan que uno se cree mucho porque se es reina. Te tienen bien observada. Te tienen bien vista bajo una lupa. Ser reina es una responsabilidad muy grande. Es pesadita.

Si hubiera sido Señorita Sinaloa habría cambiado mi vida, pero en el nivel de Cosalá y de la universidad, no. Ahora me interesan otras cosas y no hablo tanto de lo que fui. Las mujeres de Sinaloa se me hace que tienen así como mucho sabor: poseen una cosa muy especial... son muy espontáneas, muy abiertas, francas, sin llegar a la imprudencia. Esto es característico de las sinaloenses, creo que más de Culiacán hacia el sur, hasta Escuinapa. En Los Mochis me parece que la gente es más reservada; tienen influencia sonorense.[2]

Regina, hermana de Conchita, narra su experiencia:

Cuando tenía diecinueve años me habló el presidente municipal; yo no sabía para qué me querían. Dije: "¿Qué hice?" Cuando llegué a la presidencia municipal estaba otra muchacha bien vestida y arreglada; yo iba de pantalón y camiseta. Nos preguntaron si queríamos participar en el concurso de Señorita Sinaloa: dije que a mí sí me

---

[2] Entrevista del autor a Concepción Virginia González Franco, Cosalá, marzo de 1997.

gustaría ir pero me daba miedo, porque teníamos otra imagen de eso en Cosalá. La otra muchacha también quería ir. Pasaron unos ocho días, me volvieron a llamar y me dijeron que me habían escogido: me explicaron que tenía estatura, que era simpática y que tenía las medidas. Yo ni sabía qué medidas ni nada, y preguntaba: "¿Qué medidas?". Me dijeron que tenía que llevar toda mi ropa. Me fui toda ilusionada a Mazatlán pero insegura de mi vestuario, porque llegué y vi a las demás muy elegantes. Me habían dicho que iban a gastar mucho en mí, pero mi papá pagó todo.

Mis papás fueron encantados a verme como a los tres días de estar en Mazatlán. Ya me quería regresar porque me daba miedo, las compañeras eran muy agresivas; cuando salía en el periódico se reían de mí. Estas cosas no se saben públicamente. Me sentía mal y me dije: "Yo me voy para Cosalá, de todos modos no voy a ganar, qué ando haciendo aquí". Las muchachas más agresivas eran las de Mazatlán y Culiacán; siempre me entrevistaban a mí y ellas se metían al frente. Me buscaban bastante los periodistas y ellas, con más experiencia, se metían. Había mucha envidia. El grupo que organizaba ahí las protegía mucho, sobre todo a la que ganó; hubo mucho favoritismo. Si teníamos que ir a algún lugar siempre me querían dejar, pero yo tomaba un taxi y llegaba adonde era la cita. Ahora que recuerdo todo eso me pregunto: ¿por qué la tratan a una así, para qué nos invitan si nos van a tratar así?

Los artistas que se presentaron en el concurso, como Ana Gabriel y Yoshio, me dijeron que yo era la preferida de todos los que estaban ahí: "Yo no sé por qué pasó esto, mírala, nadie le aplaude a la que ganó, no sé cómo fue, no me explico", decía Ana Gabriel. Cuando bajé, la gente quería tomarse fotos conmigo. Para mí fue muy emocionante cuando bajé del escenario porque la gente se me echó encima, me agarraba, me tentaba y eso me ayudó mucho. Me dije: "Qué me importa que no me hayan puesto la corona; esto para mí es muy importante". Me querían abrazar los señores y las señoras, mayores y muchachos; fue muy bonito.

Después de concursar, cuando regresé al pueblo como que se borró lo malo que me pasó. Aquí ya fue otra cosa, ya la toman a una bastante en cuenta. Vinieron todas mis amigas. El presidente vino a agradecerme el lugar que había obtenido, pues supo que me quería regresar porque me sentía mal; me dijo que no me regresara, que lo hiciera por él, por Cosalá. Para mí fue un orgullo haber ido, y sin luchar, estar más cerca de ganar que todas las que fueron, aunque debí hacerlo más.

Mi novio fue conmigo al concurso, se estaba muriendo de celos; no quería que ganara porque decía que me iba a perder. Le expliqué que nunca me iba a perder, me enojé con él y le dije: "¿Por qué piensas eso de mí, qué crees, que se me va a subir o qué? Yo no soy orgullosa; si gano, pues qué bueno, y si no, también". Él me decía: "Si ganas me vas a dejar, todas son iguales". "Yo no te voy a dejar", le insistía y más se pegó a mí, era muy celoso. Nos casamos en diciembre, después del concurso.

Cosalá tenía fama de que antes había mujeres muy bellas, hace muchísimo tiempo. Yo creo que sí, porque muchas señoras que conozco, que viven en el centro, son muy guapas. Cosalá tiene su historia de mujeres bellas.

Las historias de Conchita y Regina, reinas de belleza de Cosalá, antigua capital de Sinaloa, emporio minero virreinal y antiguo centro cultural y social de la región, ahora una ciudad pequeña y relegada, son semejantes a las de muchas otras reinas de las poblaciones menos desarrolladas y conocidas del estado. Muchachas sencillas a las que la ingenuidad y una mayor transparencia no las han abandonado, fueron menospreciadas por la malicia y el complejo de superioridad cultural y social de las mujeres urbanas y los organizadores que habitan en las ciudades grandes; sus testimonios revelan lo que comúnmente se sabe de los concursos de belleza: la mayoría de ellos son manipulados por personas con intereses diversos.

ABRIS ILEANA TIZNADO, POR LA TRANSPARENCIA

Precisamente por estas situaciones muchachas como Abris Ileana, reina del Carnaval de Mazatlán en 1996 y muchas otras no han aceptado participar en concursos de belleza con finalidades comerciales. Abris no aceptó inscribirse en el certamen Nuestra Belleza 1997 porque no había una competencia transparente, sino una preselección fotográfica por parte de los organizadores.

Abris Ileana es una de esas primeras adolescentes mazatlecas de las clases subalternas que interrumpieron la hegemonía de la alcurnia *pata salada* dentro de la monarquía carnavalera. Nos platica su travesía al trono porteño:

A mi familia no le gustaba la idea de que yo quisiera ser reina del Carnaval de Mazatlán. Mi papá, que es pescador, me decía que el reinado sólo lo ganaban las muchachas de dinero, pero ya estando dentro, me pedía que no le diera importancia, que lo tomara como un juego. Mi mamá estaba de acuerdo con mi papá, en cambio mis amigos y otros familiares sí me animaron. Quería demostrar que una muchacha como yo también podía ser reina del carnaval. Ya inscrita, mis papás me insistieron: "Tómalo como un juego". De niña, efectivamente, jugaba con mis amigas a ser reinas. Era el juego de muchas niñas: nos gustaba ver a las reinas del carnaval, aunque nunca tuve una idea muy clara de por qué quería serlo yo también.

Al entrar a un concurso hay que estar muy segura de una misma, pensar en que se va a ganar pero a la vez estar lista para la decepción.

En el carnaval crees que todas las muchachas pueden ganar; no se sabe quién va a lograrlo. No necesariamente gana la más rica ni la más bella ni se califica la inteligencia, porque en un solo momento ésta no se puede observar: gana quien tiene la suerte. A mí quizá me hizo ganar el que me sintiera segura. En los escenarios siento que me transformo; yo soy cien por ciento Abris fuera del escenario. Ser reina me descubrió cosas diferentes: me ha permitido distinguir la verdadera amistad de la falsa. Muchas personas, sobre todo las mayores, me ofrecieron la mano a cambio de nada, aunque algunos medios periodísticos me hicieron cosas desagradables: desvirtuaban lo que yo decía, me ponían como una vil *peladita*.

Nunca me he sentido bonita, no tengo partes curiosas, finas, en mi rostro, aunque sí creo que soy guapa porque llamo la atención; ni sé si soy sensual, a veces, más bien creo ser conservadora. Ser delgada era mi trauma, pero me consolaban diciéndome que parecía modelo. Ahora lo que más me gusta es mi estatura, antes me acomplejaba: mido un metro con setenta y ocho centímetros. No me fío tanto en el cuerpo de las personas; en realidad todas pueden ser bellas. Estoy muy satisfecha con mi carácter, con mi franqueza, aunque a veces lastimo a la gente: lo que más busco es ser honesta conmigo misma. Los chavos de mi edad son muy torpes, ligeros, se fijan mucho en el cuerpo. A mí me gusta un hombre inteligente, pero no tengo un ideal masculino; el amor te hace ver otras cosas en él más allá del físico.

Me ha encantado ser reina del Carnaval de Mazatlán, a pesar de recibir críticas por mi forma de arreglarme y pararme. Siempre se espera algo distinto de las reinas pero no importa, he disfrutado mucho. En el mundo actual me dan mucha tristeza la drogadicción y la pobreza; me dan tristeza hasta llegar al miedo. Me preocupa el futuro de los hijos que pueda tener; en realidad veo incierto el futuro, pero estoy conforme como soy.

En el concurso, la gente me decía que yo era una combinación de belleza física con otra cosa. Las mías no son de las que la gente dice "¡Qué piernasl" ni tengo un cuerpo escultural, sino como un poquito de cada cosa. No sé qué es lo que atrae de mí, no siento que tengo [atributos] como las artistas, que tienen el busto o las pompas o las piernas. No sentí qué fue lo que le gustó a la gente.

LETICIA ARELLANO, REINA PLEBEYA

Probablemente Leticia Arellano sea la más representativa de las muchachas sinaloenses de las clases populares que mediante la profesionalización de los concursos de belleza se han promovido socialmente. A ella le tocó ser joven y atractiva en una época en que los estereotipos de la belleza correspondían a su tipo: esbelta, alta y sensual, y en la que la comercialización de los atributos femeninos tenía muchos usos.

Leticia ha sido de las pocas jovencitas mazatlecas que lograron convertirse en soberanas del carnaval sin pertenecer al linaje *pata salada*. También, esta chica nacida en el ejido de Urías, ya conurbado a la ciudad de Mazatlán, derribó la costumbre recatada de que las reinas, antes de serlo, no podían participar en concursos de belleza donde se exhibiera el cuerpo en una pasarela y menos en bikini. Ella fue reina del Carnaval de Mazatlán en 1991, Señorita Sinaloa en 1992, tercer lugar en el Señorita México de 1993, y en su adolescencia reina de su escuela preparatoria, Muchacha Bonita y Miss Bikini. Platica su historia:

De niña nunca me dio por ser reina del kínder o de la primavera. La verdad, más bien creía que era una niña medio fea, pero ya despúes como que me compuse. Era muy traviesa, muy juguetona; andaba su-

128

cia de tanto revolcarme en el polvo. Mucha gente que me conoció de niña, cuando se enteró de que yo andaba de reina, no lo podía creer; no me imaginaban de miss ni de reina ni de nada. En la adolescencia tenía una amiga a la que conocía desde que nací y a la que admiraba. Yo decía: "Ésta sí está bonita, qué bonita es". A mí me encantaba verla: era muy salerosa al caminar y hablar. Me tenía maravillada, todas la admirábamos. Como que ella fue una niña que desde muy chica ya traía la cuestión femenina: ya era una señorita desde los once años y yo no, todos los ojos generalmente volteaban a verla. A los catorce yo todavía iba a las piñatas y me vestía como niña, no me maquillaba.

Cuando me hice adolescente de repente me di cuenta de que estaba cambiando, desde la manera de vestir. Me agarró de sorpresa: me acuerdo que una vez fui a comprarme un vestido para una fiesta de la preparatoria, y pues de eso que te lo pruebas y dices: "¡Órale, soy yo!, qué padre, qué bueno"; después me sorprendí mucho de que me eligieran para representar a mi grupo para ser reina del CBTIS 51. A partir de que que me eligieron dije: "De aquí soy, a ver qué más sale". Todo lo demás se fue dando, ya ni cuenta me di.

Participé en los buenos años de Miss Bikini y quedé en segundo lugar. Estaba chiquita, parecía tabla de surfear, apenas estaba desarrollándome. Veía a las americanas tan desenvueltas y extrovertidas, que como mexicana te es súper difícil subirte a ese nivel de desinhibición; al final de cuentas lo logré. Yo no quería participar en Miss Bikini, me daba una pena terrible, jamás me había puesto un bikini y mucho menos subir a una pasarela con uno puesto y ante no sé cuántos cientos de personas, pero siempre hubo gente empujándome un poquito para que le entrara al concurso. Mi familia me apoyaba, pero no tanto como "¡Anda, éntrale!" No eran ellos los que me andaban empujando, pero iban a los concursos, me echaban porras y todo.

Participar en el Miss Bikini me sirvió mucho pero también fue medio contraproducente, porque lo que más anhelaba era participar en el carnaval y el reinado es un concurso que se cuece aparte, completamente; más que un concurso de belleza, es una tradición de aquí. La gente ve a la reina del carnaval con ojos diferentes, pues generalmente las chavas que participan son niñas de sociedad y que obviamente jamás se subirían en bikini a una pasarela internacional con cuarenta gringas; entonces, a la hora en que me inscribí como candidata, pues no era así como que muy popular como para convertirme en reina. Decían: "¡Se acaba de exhibir medio desnuda, cómo va a ser reina del carnaval, si la reina es otra cosa!" Definitivamente no fui la candidata con la campaña de promoción más ruidosa pues fue casi nula, pero a la hora de la hora resulté elegida y estaba feliz.

El carnaval es el reinado más representativo, el que he disfrutado más por todo lo que significa, por todo lo que está detrás de él; no me tocó una organización increíble pero fue un carnaval muy bonito. Sin embargo, ser reina es bien difícil porque a la hora en que te subes a un carro alegórico obviamente traes la vanidad hasta el cielo y dices: "Soy la reina de todos, de este montón de gente que viene a verme", pero en ese momento son muchas las emociones y los sentimientos encontrados porque hay gente que va a verte, a adorarte, a decirte poemas y muchas cosas bonitas, como hay quien va y te grita hasta lo del 10 de mayo, te tira un elotazo o un cascaronazo, o una flor y te aplaude. Es muy difícil conciliar todas estas emociones, porque en principio tienes tu vanidad, y una vez que estás arriba te das cuenta de que estás completamente indefensa, de que eres blanco de toda esa gente; primero te sientes la reina y después que eres el tiro al blanco y estás impotente ante cualquier cosa que te puedan decir o hacer. No puedes hacer absolutamente nada ante eso desde que estás parada alrededor de tres o cuatro horas en la misma posición, sonriendo y diciendo adiós; ahí ya estás cargando no sé cuántos kilos de cauda y el vestido, que siempre ha sido muy pesado, la corona... Entonces yo me la pasé llorando como Magdalena en los dos desfiles, el domingo y el martes; iba riéndome y llorando, no sabía ni qué hacer, eran tantas cosas a la vez que no las podía resistir fácilmente. Terminas tan entumida de las piernas que casi te bajan como tabla porque no las puedes doblar, las rodillas están como oxidadas, no puedes caminar. Ya pasado eso, se recuerda lo mejor, pero lo difícil es una sacudida, una sensación que te agarra los pies y te baja otra vez al lugar donde debes estar. Aprendes a disfrutar y a sufrir el carnaval, vives todas sus consecuencias; al final de cuentas termina pero no quieres que se acabe. Cuando estás ahí, ya quieres que termine, estás harta, cansada, ya no quieres saber nada, ya no quieres ser reina, pero a la hora que termina lo recuerdas con tanto cariño... hasta de los cascaronazos te acuerdas con cariño y te da risa.

Los sinaloenses somos personas muy abiertas, nos gusta convivir, nos entregamos siempre sin reservas; siempre estamos dispuestos a servir. Esta manera de ser realza la presencia física de una persona, resulta más atractivo platicar con una sinaloense bella y llena de calidez. En el concurso de Señorita México ya es un precedente, cada año están esperando saber quién es la representante de Sinaloa, desde que llegas, desde que bajas del avión todo mundo está a la expectativa, porque afortunadamente siempre se ha mandado una representante digna y que da la pelea, queda entre los primeros lugares del evento; entonces, obviamente, todo mundo le está *midiendo el agua a los camotes*. "A ver —dicen—, ya viene la Señorita Sinaloa... [Observemos] cómo viene, para ver las posibilidades que tienen las demás."

No creo que mi seguridad gire tanto alrededor de la belleza sino más bien de otras cosas, me la han dado otras cosas. A lo mejor es consecuencia de [ella], pero no creo que mi seguridad gire en decir: "¡Qué bonita estoy!", no; he tratado de pulirme, ser diferente, ser mejor, porque sería muy triste que estuviera muy bonita y no tuviera nada de preparada, sería muy deprimente. Una reina de belleza nunca puede separarse de lo que fue; casi todo lo que hace lo relacionan con eso, la gente no lo puede separar. Habiendo sido Señorita Sinaloa o reina del carnaval, realmente toda tu vida te van a ligar con que estás muy bonita, entonces, aunque ya seas una persona grande te van a señalar o a juzgar, más si te descuidas o engordas, dirán: "¡Mírala, fue Señorita Sinaloa y ve cómo está!"

Cuando las mujeres le decimos a otra "qué bonita estás", o "qué guapa está esa mujer", es porque sientes que estás más bonita o guapa, porque de otra manera nunca hacemos un comentario. Yo creo que sí, la belleza, y no nada más aplicada a los concursos, puede causar algunas cosas; aplicada a la vida misma puede tener también un poder especial.

Entre Mazatlán y Culiacán, que históricamente han sostenido una enconada y a veces divertida disputa por demostrar cuál es la ciudad más importante de la entidad, hay costumbres y tradiciones que las distinguen claramente. Por ejemplo, en Culiacán, como en casi todas las ciudades donde sus élites sociales tienen un origen ligado a la propiedad de la tierra, poseen costumbres más conservadoras; a veces con gestos aristocráticos hacen mohínes de rechazo al roce con otras capas sociales. En la capital de Sinaloa, como en casi todo México, las muchachas de la alta burguesía no gustan de participar en los concursos tipo Señorita México o Nuestra Belleza; tal exhibición, competencia y roce social no es de su agrado, aunque por supuesto no rechazan ser reinas de belleza en sus clubes o colegios.

Por contraste, en Mazatlán la cultura de las élites sociales es más abierta, quizá por la mayor flexibilidad en su renovación y movilidad, quizá porque por el puerto siempre han entrado y salido personajes que renuevan las presencias, las imágenes, las costumbres, quizá porque el tipo de propiedad de las clases dominantes sea más movible e inestable, o quizá, más que por ninguna otra razón, por la incumbencia subversiva, irreverente e igualitaria de la cultura popular, que por medio del carnaval la permea y contagia con la aventura, el gusto eterno por la pachanga y el disfrute de los sentidos. Lo cierto es que las muchachas de la burguesía mazatleca, ya sea por la convivencia en las playas, centros de diversión y plazuelas, o por la avalancha del carnaval, nunca han podido evitar del todo el codeo con las clases populares, y a partir de los setenta la competencia por los tronos de belleza con las muchachas proletarias y de clase media.

AMINA BLANCARTE, CON LAS RESERVAS DE CLASE

En los noventa, chicas de familias reconocidas como Leticia Coppel, hija de los más importantes hoteleros de Mazatlán y del país; Libia Zulema Farriols, hija de la más famosa Señorita Sinaloa y nieta de Mariano Farriols, quien llegara a poseer una considerable fortuna, o Amina Blancarte, emparentada con la familia De Rueda, la más célebre dinastía real del carnaval mazatleco, se convirtieron en las representantes de Sinaloa en los certámenes Señorita Sinaloa y Nuestra Belleza. Las tres ganaron alguno de los primeros lugares de sus respectivos concursos; Amina en particular destacaría internacionalmente en este tipo de eventos. Su historia es marcadamente distinta a las de las muchachas de los estratos periféricos de la sociedad sinaloense, pero también se distingue de las jóvenes de su condición social.

Siempre fui caracterizada como una niña bonita, pero de chiquita no participé en ningún concurso de belleza. La belleza mucho me ha servido, más que lo que me ha pesado. Ser niña bonita, por ejemplo, es mucho más sencillo que ser niña fea; las maestras tienen una predilección por ti. Toda la gente, todo el mundo se siente inconscientemente atraído por la belleza. Eso como que me dio seguridad, porque en este momento lo estoy reconociendo; sería absurdo no aceptarlo porque he competido para demostrarlo. Sería muy tonto decir: "¡Ay, yo no estoy bonita!" cuando todo mundo me lo ha dicho, aunque suene vanidoso decirlo. Sin embargo, la belleza no dicta mi destino, no es para siempre; ha sido una parte de mi vida porque me ha permitido pensar en lo que quiero, pero nunca fui nada que tuviera que ver con la belleza hasta que tuve quince años. Yo vivía en Tijuana y unas personas de San Diego me invitaron a participar en un curso de modelaje; ahí fue donde me di cuenta de que eso era lo que quería. Gané y fui a Miami a una convención de modelos, después me invitaron a Nueva York pero no quería dejar de estudiar la preparatoria y no acepté. Cuando regresé a Mazatlán a continuar mis estudios universitarios, el señor Héctor Díaz Valdez me nombró *modelo del año*; él organizaba ese tipo de concursos. Posteriormente me nombró reina de las ciudades hermanas de Tijuana y Mazatlán; también fui a otro evento y simplemente me coronaron. Más tarde me invitaron a participar en el carnaval.

El Carnaval de Mazatlán ya va a cumplir cien años. Ya se va a cumplir un siglo de tener reinas, las cuales en un principio las elegía un pequeño grupo que las seleccionaba; era muy elitista. Decían: "Tú, fulanita, vas a ser reina del Carnaval, y tú, zutanita, de los Juegos Florales". Era horrible y frustrante para la gente pobre no poder aspirar por la corona del carnaval. Ahora es más democrático, cualquier hija de vecina como yo puede subirse a un escenario y frente a un jurado escuchar si va a ser reina del carnaval o no; como que ahora es más accesible. Creo que del carnaval viene la *reinitis*, el "Yo quiero que mi hija sea reina de la primavera, de la Navidad, de la academia del *teacher* Gabino's", de todo. Para mí ya es una exageración, pero ésa es nuestra cultura. Aquí en Sinaloa hay mujeres bonitas, preciosas, pero no todas se animan a ser reinas de belleza; sólo con pasar de

Mazatlán a Culiacán cambian las cosas, aunque Culiacán siga siendo Sinaloa. Allá, siendo de cierto nivel social no es bien visto que la niña participe en concursos de belleza; está bien que sea reinita de tal cosa, pero no como acá en Mazatlán. Mazatlán en concursos de belleza es punto y aparte. Con el Carnaval de Mazatlán tuve para que todo mundo me conociera, me distinguiera en las calles y me quisiera, porque no a todas las reinas las quieren, pero yo siento que a mí sí: bautizaron a muchas niñas con el nombre de Amina cuando fui reina del carnaval.

Creo que las mujeres sinaloenses son muy salerosas, sexys, coquetonas, pero yo no tengo esos rasgos. Tal vez físicamente sí sea muy sinaloense, pero soy muy seria; como que ahora me estoy descubriendo, sin embargo, me gusta ser seria porque he logrado hacer muchas cosas siendo así. Ser seria me ha permitido observar, más que ser observada; escuchar, más que hablar. Una vez una persona me dijo que yo observaba mucho, que siempre estaba observando, que analizaba demasiado, pero que no hablaba por hablar: cuando hablaba tenía algo que decir. Creo que eso es cierto; no pienso en voz alta. Cuando platico es porque algo me interesa y me explayo, pero me hace falta ser un poco más relajada, más divertida. Desde chiquita fui muy seria. No me considero una mujer frívola, para nada; puede ser que en el camino me haya encontrado con mujeres frívolas, pero no es algo que yo considere propio de los concursos. Para mí los concursos de belleza son como para los hombres los deportes, porque ambos son cien por ciento físicos. Me gusta mantenerme delgada pero soy bien dada, mido un metro con setenta y cinco centímetros; si hubiera concursado a principios de siglo hubiera sido un hitazo porque antes las reinas eran más rellenitas.

A unas mujeres bellas les interesa que su pareja sea guapo y a otras no tanto. A mí me agrada que lo sean pero no es importante: que tengan carácter y personalidad sí lo es. Yo creo que ahora la gente se fija más en el dinero que en la belleza; ahora, también entre los hombres hay muchos que prefieren a una esposa que tenga dinero a una que sea bonita. A mí me gusta sentirme protegida por un hombre, pero no ser dependiente de él; para mí la independencia es muy importante. Respeto a las mujeres que son típicas amas de casa, pero hay mucho más que eso en la vida. No me veo dedicada el resto de mi vida a algo que no me gusta. Lo que más aprecio en una mujer es su fortaleza, que enfrente los problemas, que tenga iniciativa. Me desespera de las mexicanas, sobre todo en las de mi generación, que no definan su carrera, sobre todo las que tienen una buena posición económica y oportunidad de estudiar. Estudian mientras se casan; no tienen ganas de hacer absolutamente nada, sólo de casarse y que las mantengan. Eso no lo entiendo, no me cabe en la cabeza; me desespera bastante.

A mí me gustaría que me recordaran como una mujer inteligente que hizo mucho por Mazatlán. Quería ser presidenta municipal; siempre le dije a mi papá que quería ser presidenta de la República. En broma me lo recuerda, me dice: "Ahora me lo cumples". Obviamente no he seguido el camino de la política, y ser mujer y tener aspiraciones de formar familia no te facilita ser presidenta municipal. Tengo ganas de mejorar, de ser algo y no quedarme pasiva, viendo las cosas que hace la demás gente. No me gusta que todo mundo diga que se necesita esto y aquello y no se haga nada: hay que hacerlo.

DE AMOR Y DESENCUENTRO

Los narcos gustan de financiar a candidatas a reinas de belleza y del carnaval. Hubo quienes gastaron millones invitando a cantantes de moda que promovieran la candidatura de sus hijas, aunque no las hicieron ganar; pero la verdadera joya antológica en que se mezclaron el poder de los narcos y el de la belleza de las reinas del carnaval fue el secuestro de una de ellas; auténtica perla de la picaresca sinaloense, fusión simbólica e inconfundible de largas tradiciones regionales: reinas, narcos y el "robo" de la amada.

En Sinaloa, como seguramente en otras partes de México, en el pasado los amores prohibidos terminaban con el secuestro de la amada, montada en el lomo de un caballo; en la actualidad, los pobres se las llevan subidas a una bicicleta, una moto o un autobús urbano o foráneo, y los que tienen más recursos se las *roban* en automóvil. Hubo célebres narcos que lo hicieron en un Grand Marquis, como Rafael Caro Quintero con Sara Cosío, o Francisco Arellano Félix con Rocío del Carmen Lizárraga Lizárraga, reina del Carnaval de Mazatlán en 1990.

Caro Quintero no conoció en una pasarela a Sara Cosío, quien era sobrina de Guillermo Cosío Vidaurri, secretario general del CEN del PRI en los años del romántico rapto, sino en un antro de Guadalajara. Rafael se había prendado perdidamente de Sara, y se la *robó* en noviembre de 1984 refugiándose en Sonora; pero la época navideña hizo que el capo se arrepienta momentáneamente y permitió que su enamorada regresara al hogar. Más tarde, le envía costosos regalos a la bella, pero la familia lo niega rotundamente. Lo mismo sucedería con Francisco Arellano: inunda de lujosos obsequios a la mujer que acosa, pero la familia acusa de infundio tal dicho público.

Como parte de las leyendas narcas se dice que Sara Cosío le escribió una agradecida carta a Caro Quintero, que a la letra dice:

Rafael:

Aunque todo haya sido tan alocadamente, tú te portaste muy bien y la verdad eres bien bueno, nada más que quieres hacerte el malo, pero me trataste con mucho respeto y cariño. Por eso vas a ver que no pienso quedarte mal y quiero que te portes bien y te cuides mucho, eh.

De todas maneras gracias y nunca lo vamos a olvidar.

Sara

El célebre gánster se vio obligado a huir del país cuando la persecución sobre él se extendió a cada rincón de México. Caro Quintero había ordenado el asesinato del Kiki Camarena, un agente de la DEA que arruinó un gran negocio al descubrir miles de héctareas de mariguana en el rancho El Búfalo, en el estado de Chihuahua.

En la huida Caro le envía a Sara un recado: "Te vienes conmigo, porque así lo quiero". El padre de Sara denuncia entonces al capo:

"Hoy, en la madrugada del 7 de marzo [de 1985], a las 3.30 horas fueron raptadas mi hija, Sara Cristina Cosío Martínez, y su amiga Patricia Menier, por pistoleros de Rafael Caro Quintero. El hecho ocurrió cuando mi esposa Cristina, mi hijo César y las víctimas venían de cenar y de bailar en una discoteca. Cuando estaban a punto de llegar a la casa de Patricia, se les cerraron dos carros Grand Marquis, uno gris y otro blanco, y bajaron ocho individuos armados con metralletas R-15 y cuernos de chivo. Obligaron a mi hijo a parar el carro y por la fuerza subieron a las jovencitas a sus autos. Horas después, cerca de las cinco de la mañana, Patricia fue dejada en libertad".

Caro, con su enamorada al lado, se refugió en San José, Costa Rica; había volado en un *jet* propiedad de los hermanos Cordero Stauffer, integrantes de una de las familias más poderosas de Guadalajara. Se instalaron en una lujosa residencia, pero el capo cometió el error de permitir que Sara llamara por teléfono a su casa, lo cual sirvió para que se localizara el refugio del badiraguatense.

El 4 de abril de 1985 un cuerpo policial de élite y los agentes de la DEA someten a los guardaespaldas y entran al *nido amoroso* de Sara y Caro. Ella dice: "Estoy secuestrada". El agente de la DEA le pregunta: "¿Quién es, querida?" Sara responde: "Rafael Caro Quintero". El capo, encabronado, le espeta: "Puta".

La historia de amor de Caro Quintero terminó mal, pero no la de Francisco Arellano Félix; de todo hay en la viña del Señor. Rocío del Carmen, a los diecisiete años, en el mes de febrero se convirtió en reina del carnaval; a finales de mayo, poco después de haber cumplido los dieciocho, se la *robó* Francisco Arellano Félix, dueño de varios negocios en Mazatlán, entre ellos la discoteca Frankie' O, e íntimo amigo de Julio César Chávez, quien en esos años estaba engolosinado con las mieles del triunfo boxístico y las protecciones y halagos de todo el mundo, incluido Carlos Salinas de Gortari.

El diario *Noroeste* de Mazatlán, por conducto de Fernando Zepeda, el más veterano de sus reporteros en aquel momento, publicó por primera vez la noticia del secuestro el 2 de junio de 1990. "En la familia de la bella reina del carnaval impera la desesperación y el desconcierto... [La mamá decía que] estaba segura de que no fue por voluntad propia, la obligaron", apuntaba la nota del periodista. El mismo día, en la tarde, el periódico de la ciudad de México *Ovaciones*, amarillista y de gran circulación, decía a ocho columnas con inmensas letras: "Secuestraron a la reina del Carnaval de Mazatlán".

El domingo 3 de junio, en primera plana al igual que el día anterior, Fernando Zepeda informaba que los empleados del Frankie'O recibieron una llamada de su patrón donde les daba la noticia de que se había casado "por la Iglesia y el civil con Rocío del Carmen, en Guadalajara". "Ilógico", dijo la familia de la reina. La misma nota del día 3 agregaba que unos familiares de la chica en la Perla Tapatía habían notificado que unos *spots* anunciaban: "La señorita Rocío del Carmen Lizárraga, reina del Carnaval de Mazatlán [contrajo] nupcias con el licenciado Francisco Arellano, con el consentimiento de los padres". "Por otra parte —añadía el reportero—, ayer familiares de Óscar Coppel, prometido de la reina, afirmaron haber visto a Rocío del Carmen en un lugar de Jalisco (no se precisa dónde por motivos de seguridad), quien les pidió con angustia que le dijeran a su novio que necesita ayuda." A Francisco apenas si lo conocían, decía la familia; "sólo en una ocasión fue recibido Arellano en la casa, cuando fue a presentar al boxeador Julio César Chávez..." Alfredo Spigarolo, director del colegio donde estudiaba Rocío del Carmen y religioso xaveriano, decía que todos éramos culpables del secuestro de la reina porque no protestábamos y manifestábamos públicamente nuestra inconformidad contra esos casos y porque los padres de familia permitían que los jóvenes se pervirtieran en los "centros nocturnos" como el Frankie'O. El jueves 7 de junio, la mamá de la reina decía que sólo Dios era el indicado, "el único que pondrá las cosas en su lugar"; consideraba que tanto Rocío del Carmen como Óscar, su prometido, eran víctimas del destino.

Cuando el mitote ya se había apoderado de la afiebrada atención de los porteños, entre divertidos y angustiados por la suerte de su soberana, con el más propio de los estilos monárquicos Rocío del Carmen dijo a sus súbditos el 15 de junio, mediante un *manifiesto real* publicado en un cuarto de plana de *Noroeste*:

Yo, Rocío del Carmen Lizárraga Lizárraga, reina del Carnaval Internacional de Mazatlán, 1990, me encuentro en estos momentos en esta ciudad y puerto de Mazatlán.

Agradezco a todas las personas que me brindaron su apoyo, su cariño y confianza, y les suplico a todos y cada uno de ustedes que no quiero ser interrogada por nadie, porque para mí sería vergonzoso declarar si me fui por mi voluntad o me llevaron a la fuerza.

No quiero juzgar ni señalar al hombre que será el padre de mis hijos, el que me dio su apellido y del que solamente he recibido atenciones, pues nunca he recibido un maltrato de su parte.

Acepto con resignación el camino que me ha deparado el destino, y si Dios me ha puesto en este camino, debo seguir.

Espero que con la bendición de Dios, de mis padres y de todos ustedes, que llegaron a apreciarme un poco, logre ser feliz de alguna manera al final de mi camino.

Ya convertida en señora Arellano, Rocío del Carmen tuvo que abdicar a su trono para que fuera ungida Libia Zulema Farriols, quien había quedado como reina de los Juegos Florales. A pesar de que Francisco Arellano estuvo anteriormente en la cárcel, y que Mazatlán entera sospechara que sus negocios eran *lavaderos* de dinero ilegal, había en los diferentes círculos sociales del puerto una mezcla de admiración, respeto, temor o indiferencia a sus actividades. El campeón mundial de boxeo, Julio César Chávez, se exhibía con él por todos lados: se retrataron juntos, poniendo la primera piedra de un hotel que se llamaría Julio César's Palace, el cual nunca se terminó de construir. A Francisco lo llegaron a nombrar empresario del año.

Hábil publirrelacionista, el que sería consorte de la reina Rocío del Carmen se hizo retratar por Armando Nava, un pintor de la burguesía mazatleca, y logró que su óleo se exhibiera en la galería del teatro Ángela Peralta, el más tradicional símbolo de la alta cultura sinaloense. En definitiva, el dueño del Frankie'O, amigo de Julio César Chávez, padrino de cuanto grupo preparatoriano o universitario se le acercase, romántico secuestrador de la reina del carnaval e integrante del inmensamente poderoso Cártel de Tijuana, fue un popular personaje de la vida porteña a lo largo de la década de los ochenta.

Poco menos de tres años después de la aventura peliculesca de Su Graciosa Majestad, Rocío del Carmen, tal como se dice en la jerga de la nobleza carnavalera, Francisco Arellano Félix desapareció del puerto con todo y la joven dama. En mayo de 1993, su nombre y el de sus hermanos se harían mundialmente famosos porque se les responsabilizaría de la muerte del cardenal Juan Jesús Posadas Ocampo. Meses después, Francisco, el más conocido de los Arellano Félix, fue apresado y enviado a Almoloya, posteriormente extraditado a Estados Unidos y años después puesto en libertad. La joven reina del carnaval de 1990 desde entonces ha guardado el anonimato.

FRANCISCO ARELLANO FÉLIX Y ROCÍO

A partir del 24 de mayo de 1993, cuando las autoridades mexicanas lanzaron una cacería abierta sobre los hermanos Arellano Félix como resultado del asesinato del cardenal Juan Jesús Posadas Ocampo, Francisco Rafael huyó de Mazatlán; a pesar de que la PGR en su informe sobre el homicidio del jerarca religioso no mencionaba al enamorado de Rocío Lizárraga ni ofrecía alguna recompensa por él.

Francisco, conocido con sólo ese nombre en Mazatlán, se fue a Tijuana buscando protección, donde sus hermanos eran amos y señores. En el puerto dejó abandonadas varias propiedades, incluyendo su discoteca, Frankie'O, y varias mansiones ya corroídas por el salitre y el tiempo; pero nunca dejaría a la amada reina.

A pesar del cobijo de sus hermanos, Francisco, a los 44 años de edad, fue detenido el 4 de diciembre de 1993 por la PGR y enviado a Almoloya, la prisión de alta seguridad ubicada en el Estado de México.

Sin embargo, Rocío no lo dejó solo y se fue a vivir a esa entidad para estar cerca de él. Le aconsejaron que estudiara enfermería para que pudiera entrar al penal. Lo hizo y así pudo suavizar las heridas emocionales de Francisco. La reina del Carnaval de Mazatlán de 1990 siempre había querido seguir estudiando, pero una vez que se convirtió en la señora de Francisco —apenas con la preparatoria concluida— vio frustrados sus deseos porque él no se lo permitía. Quizá era así por razones de seguridad, ya que ser la mujer de un miembro del clan de los Arellano Félix implicaba muchos riesgos; o quizá eran los celos, porque la diferencia de 23 años entre ellos no era cualquier cosa. Lo cierto es que Rocío solo pudo estudiar de nuevo cuando su marido estuvo preso.

Rocío confirmó su lealtad a Francisco al acompañarlo a una de las cárceles más temibles del sistema penitenciario mexicano. Algunos mazatlecos dudaban que hubiera una relación auténtica entre los dos, sin embargo, testigos de su relación aseguraban que Rocío, tal vez por su juventud, porque estaba enamorada o admiraba la carismática personalidad y el poder que exhibía Francisco, lo veía entre embelesada y silenciosa cada vez que él hablaba con otros.

Él no ocultaba que estaba rendido ante la juventud, belleza e inocencia de Rocío cuando decidió fugarse con ella, poco después de que la adolescente fuera coronada Reina del Carnaval de Mazatlán. A algunas personas cercanas a él les dijo que estaba "desesperado" porque Óscar Coppel, el novio oficial de Rocío, en esos días pediría su mano. Francisco quería impedirlo y lo logró.

Tres días después de la amorosa fuga, y cuando medio Mazatlán se preguntaba dónde estaba la reina, Francisco, desde Tijuana —su refugio más seguro— se comunicó con el columnista Fernando Zepeda, del diario *Noroeste*; le aseguró que la familia de la chica estaba enterada del sitio donde respiraba con tranquilidad y feliz, ya que se había casado con él. El mayor de los Arellano Félix les pidió a los editores del diario que publicaran una inserción pagada con fotografías de ambos donde él aclaraba las cosas, pero estos se negaron porque la versión de la familia era otra. Varios testigos vieron que este muchacho estaba devastado al no saber qué sucedía con la Reina del Carnaval, su prometida. Si hubiese visto las fotos donde Francisco y Rocío aparecían felices en una cama gigantesca y cubiertos de rosas y muñecos de peluche, la tristeza lo habría fundido.

A las pocas semanas del gran suceso del Carnaval de Mazatlán de 1990, Rocío y Francisco regresaron a Mazatlán para llevar una vida sin contratiempos y plenamente aceptados por la familia de la reina.

La casa donde vivían está a un lado de la ahora abandonada discoteca Frankie'O, en la Avenida del Mar, frente al majestuoso Océano Pacífico. No exhibe muchos metros construidos, pero en el patio de atrás Francisco guardaba caballos pura sangre, ponis, percherones, un tigre y aves exóticas. Algunos de esos animales también se habían exhibido en la disco.

Francisco, con frecuencia vestido de camisa y pantalones negros muy ajustados, tenía guardaespaldas permanentes pero en su casa se sentía a sus anchas. Lo que sí sorprendía a muchas personas que los visitaban era ver a una belleza de portada abriendo la puerta de la casa y cocinando con el mandil puesto para su marido.

Esta vida casi idílica fue interrumpida abruptamente después de la muerte del cardenal. Francisco. Fue detenido en 2006, cuando iba acompañado de cuatro guardaespaldas y sus dos hijos pequeños, en el Fraccionamiento Monte Bello de su casa en Tijuana, en la calle Ramón López Velarde, y sentenciado a diez largos años de prisión. Lo recluyeron siete años en Almoloya de Juárez y tres en Matamoros, Tamaulipas. Permanecería tres años más en la prisión de San Diego, California, luego de ser extraditado; ya que en 1980 lo acusaron de conspiración en el tráfico de drogas y por evasión de la justicia. El 4 de marzo de 2008 las autoridades estadounidenses le otorgaron la libertad por buena conducta y fue repatriado a México vía Ciudad Juárez.

No se supo mucho de él hasta antes de su muerte. Lo vieron en una pizzería de Mazatlán departiendo con unos amigos, y pocos días después sería acribillado por un sicario disfrazado de payaso en un centro de fiestas de Cabo San Lucas. Rocío, la Reina del Carnaval de 1990, reaparecía trágicamente después de 23 años al lado de Francisco, a quien nunca renunció.

LOS NARCOS QUIEREN UN REINO

En Sinaloa, a semejanza de Colombia, los narcotraficantes han logrado permear casi todas las esferas de la sociedad, incluidas instituciones del poder público. En la tierra de Gabriel García Márquez, el buen café y los primeros narcotraficantes globales, las fuerzas armadas, los medios de comunicación, los partidos políticos, los centros financieros y el mismo poder presidencial fueron penetrados y enfrentados por un cuasi Estado paralelo en el que se ha constituido el poder de los negociantes de drogas.

En Colombia, los narcotraficantes han desafiado abiertamente todo tipo de instituciones públicas y privadas; han asesinado a secretarios de Estado, gobernadores, candidatos presidenciales, empresarios, deportistas profesionales, periodistas; han creado organizaciones políticas mediante las cuales participaron abiertamente en procesos electorales y en los medios de comunicación. Ellos mismos se postularon a puestos públicos, como fue el caso de Pablo Escobar Gaviria, que fue diputado suplente. En Sinaloa y en general en el conjunto del país, el poder de los narcos ha pasado por diferentes etapas; hasta finales del siglo anterior, más que constituirse en un poder paralelo al Estado, como atinadamente analiza Luis Astorga, se asociaron a prominentes funcionarios públicos.

El investigador sinaloense agrega que en México:

145

En las instituciones formalmente encargadas de combatir el tráfico de drogas y a los traficantes [...] la consolidación de intereses a través del tiempo ha dado lugar a una estructura de poder [de los narcos] en el interior mismo del Estado, que en determinadas circunstancias —sobre todo cuando hay presiones políticas de Estados Unidos— ha sido obligada a sacrificar peones fácilmente remplazables, pero no debilitada al punto de poner su existencia en peligro, puesto que no ha tenido que eliminar las razones, relaciones y posiciones claves de poder, sin las cuales no es posible organizar y modificar con una libertad y autonomía relativas, y con cierto éxito, las reglas del juego.[3]

Efectivamente, los narcotraficantes mexicanos, y más en particular los sinaloenses, para acumular poder —económico, social, político, ideológico y cultural—, de una manera intuitiva y pragmática optaron por penetrar estructuras corruptibles de las instituciones gubernamentales y sedujeron también a gruesas capas sociales de medios rurales y urbanos, que por necesidad económica e identificación regional aceptaron y reprodujeron sus símbolos culturales e ideológicos.

Los diferentes cárteles nacidos en Sinaloa han echado mano de una tupida red de recursos de todo tipo para empapar con su presencia los poros del poder político. Uno de ellos ha sido la utilización de la fuerza cultural del compadrazgo para aproximarse a las esferas de poder o amarrar sus relaciones dentro de ellas; esto lo hizo magistralmente Félix Gallardo, entre otros.

Miguel Ángel Félix Gallardo, por ejemplo, tuvo como padrino de bodas a Leopoldo Sánchez Celis, uno de los gobernadores más

---

[3] Astorga, "Arqueología del narcotráfico (II)", *Nexos en línea*, 1° de julio de 1995.

poderosos y conocidos en la historia contemporánea de Sinaloa. Dos décadas después, en mayo de 1983, entusiasmado por la época en que los narcos sinaloenses se convirtieron en grandes capos internacionales, Félix Gallardo, quien ya era consejero del Banco Somex, apadrinó la boda de Rodolfo Sánchez Duarte, hijo del poderoso ex gobernador; en 1985, padrino y ahijado inauguraron un negocio de autopartes en Culiacán. Pocos años después, Francisco Arellano fue el *cuadro abierto* que con la estrategia de la familia tejió activamente una amplísima red de padrinazgos, compadrazgos y sociedades que le ayudaba a *lavar* dinero, pero más que nada afirmaba la extensión de su gruesa pantalla legitimadora.

Las numerosas personalidades de los principales círculos de poder de la sociedad sinaloense en general y mazatleca en particular que asistieron a la inauguración de la discoteca Frankie'O, el *lavadero* de dinero más conocido de los Arellano en el puerto y a su vez centro de relaciones públicas del cártel más eficaz de aquel entonces, revelan la capacidad de convocatoria que tenían en esos años los que serían famosos confesantes de Girolamo Prigione, el nuncio del Papa en México. En las fotografías de los diarios mazatlecos publicadas el 23 de enero de 1987, día posterior a la inauguración de la discoteca y en sus cinco sucesivos aniversarios, se observa a prominentes hombres y mujeres de los mundos empresarial y artístico.

Por sus escenarios pasaron los cantantes más famosos de México, como Luis Miguel, Mijares, Ana Gabriel, Denisse de Kalafe y otros; con el Frankie'O los Arellano Félix pretendieron crear un centro de espectáculos múltiple que les permitiera *lavar* dinero masiva y fluidamente. Además de discoteca, en ese negocio se presentaron peleas de box de Julio César Chávez (quien en esos días se presentaba como socio de Francisco Arellano), fiestas de graduación, concursos de baile e incluso cierres de campaña de las candidatas a reinas del carnaval, tal como sucedió el 31 de enero de 1987.

El día de la inauguración del antro, famosos empresarios de la construcción del puerto acompañaron a los hermanos Francisco y Eduardo Arellano Félix; el arquitecto Armando Galván, conocido por ser el constructor de las famosas discotecas del puerto, años más tarde se convertiría en diputado federal por el PRD. Carmelita Salazar, reportera de *Noroeste*, escribió en la nota del día de la inauguración del negocio de los Arellano:"La larga cola de invitados se antojaba interminable... todo lo selecto de nuestra sociedad aquí estaba, conociendo la belleza de esta *discoteque*".

El arquitecto de la firma PIRA decía de Francisco Arellano: "Ojalá que nuestro puerto contara con gente que invirtiera de esta manera"; coincidía con él Ramón Castro, presidente de los contadores públicos de Mazatlán. En otra nota periodística, del 24 de enero, se leía la siguiente alabanza:"El licenciado Francisco Arellano, presidente de la empresa y autor de esta maravilla, por su imperio y fe en nuestro país recibió el reconocimiento de todos los presentes, felicitaciones y muchísimos deseos de éxito".

Curiosamente, al día siguiente el *Noroeste* citaba en primera plana al penalista Luis de la Barreda Solórzano, quien se convertiría años más tarde en *ombudsman* de la Comisión de Derechos Humanos del Distrito Federal, al advertir que habría "que impedir que nos pase con el narcotráfico lo que a Colombia".

Es evidente que De la Barreda se refería a que en Colombia los narcos habían logrado tanto poder porque no se les combatió a tiempo y con firmeza. En la tierra del vallenato lograron un enorme respaldo popular, hecho que en Sinaloa tenía lugar de manera semejante, como bien demostraba Francisco Arellano con la inauguración del Frankie'O. En la *disco* nunca faltaban las reinas de belleza; el periódico *Noroeste* decía al pie de una fotografía el 23 de enero de 1987:"La bella Señorita Sinaloa Tere Thompson no podía dejar de felicitar al señor Francisco Arellano".

Rafael Caro Quintero, Ramón Salcido y Amado Carrillo Fuentes también hilvanaban abundantes padrinazgos y compadrazgos, pero eran menos visibles a los ojos de la prensa y estaban más inmersos en el ámbito rural. Sin tantos ahijados y compadres, las enramadas de protección social que facilitan los negocios de los narcos se verían muy ralas; entre la juventud urbana y rural los mecenazgos para realizar las fiestas de graduación y coronar a las reinas de belleza son dos de los ejercicios legitimizadores preferidos de los narcos.

En Colombia, los concursos de belleza son de los instrumentos preferidos de los narcos para lavar dinero, financiando vestuarios, alquiler de clubes, grupos musicales, hoteles, entre otros. El lavado de dinero, sin embargo, no es el principal objetivo de los narcos al apadrinar a las reinas, sino convertirlas en una especie de publirrelacionistas o en esposas o amantes.

Cuando son embajadoras de los narcos, las usan como los mejores contactos para los mercados europeos y estadounidenses.

Fungiendo como correos, las reinas logran que las mafias eviten que los teléfonos, faxes e internet pudieran ser intervenidos por la DEA. Pero además, qué mejor trofeo que una reina de belleza.

Las bellas mujeres adornan las constantes fiestas de los narcos: los mafiosos desean mujeres divinas y ellas el dinero.[4]

La historia local no es muy diferente a las de Cartagena, Cali o Medellín; las coincidencias entre dichas regiones colombianas y Sinaloa son asombrosamente semejantes en cuanto a la importancia, influencia y poderío de los capos y el gusto incontenido por los certámenes de belleza femenina, aunque los colombianos

---

[4] Eccehomo Cetina, *Jaque a la reina: mafia y corrupción en Cartagena,* Planeta Colombiana, Bogotá, 1994, p. 84.

presumen de ser los latinoamericanos que mayor culto rinden a las mujeres bellas y es posible que así sea. Eccehomo Cetina cita a uno de los apologistas de tales ritos:

> La elección de la señorita Colombia, o sea la mujer más bella de la patria, es un acto que por su colorido, elegancia y animación pone muy en alto las bondades de nuestras costumbres cristianas. Toda Colombia, con singular devoción, sigue atenta los incidentes de estas hermosísimas conmemoraciones que son dignas de la secular tradición de este pueblo, respetuoso de las buenas costumbres y admirador de todo aquello que representa a la belleza.

No obstante, para 1994, dice este escritor, muchos colombianos ya no se sentían tan orgullosos de lo que representaban esas mujeres; pues "ser reina de belleza en Colombia comenzó a significar, con contadas excepciones, llevar un estigma".[5]

En Sinaloa, a pesar de las numerosas relaciones de reinas de belleza con narcos, ni unas ni otros han caído en descrédito. Sin que tengan una aceptación universal, su prestigio ha sido consistente, tal como lo demuestran los casos paradigmáticos de Laura Elena Zúñiga, Nuestra Belleza Sinaloa en 2008, y María Susana Flores Gámez, Mujer Sinaloa en 2012.

LAURA ZÚÑIGA

El poder de los narcotraficantes es tal que para miles de personas es muy difícil eludirlo. No es rara la ocasión en que el ciudadano común y corriente ignore que está tratando con un narcotrafi-

---

[5] *Ibid.*, pp. 22-23.

cante o con el familiar de alguno; cientos y miles de empresarios, comerciantes, profesionistas, estudiantes o amas de casa han tenido algún vínculo, así sea accidental, con los negocios de los narcos. La extensión de sus actividades y poder está muy diversificada y enraizada como para evitarlos conscientemente.

Las industrias de la construcción, del espectáculo, restaurantera y turística han estado congestionadas de inversiones de los capos de la droga. El narcotráfico, al levantarse como un poder emergente y alterno a los legalmente existentes, léase el del dinero, la política, la fama y el estatus, atrajo casi de manera natural a mujeres bellas deseosas de esos poderes. La muerte trágica en julio de 1997 de la Señorita Jalisco 1970, vinculada al cártel de Amado Carrillo Fuentes, fue el expediente más conocido en esa relación de la belleza y el narco durante el siglo pasado, mientras que los de Laura Zúñiga y María Susana Flores Gámez, sinaloenses las dos, son los más sonados y representativos de los años recientes. Si el poder político, el poder militar y el del dinero no pudieron con el poder de los narcos, el poder de las reinas de belleza tampoco; al contrario, con frecuencia se han unido amorosamente.

La reportera Claudia Peralta, del diario *Noroeste*, en Culiacán, entrevistó a Laura Zúñiga, la primera reina de belleza sinaloense en ser detenida con un grupo de narcotraficantes meses después de haber ganado la corona de Nuestra Belleza Sinaloa en 2008. La información periodística revela con ironía que Zúñiga, antes de ser la reina de la belleza sinaloense, salió huyendo del primer *casting* profesional que realizó en la ciudad de México, cuando vio la altura y el desenvolvimiento de las modelos argentinas; todavía no era la chica segura y altiva que entrevistó la reportera.

Con veintitrés años a cuestas, mirada seductora y tres años en las pasarelas en una de las mejores agencias, la culiacanense —dice Claudia

151

Peralta— era una de las favoritas en el certamen Nuestra Belleza México 2008; sin embargo ahí no sería la ganadora.

Laura prolongó su infancia hasta los quince, a esa edad todavía guardaba su colección de Barbies. No se imaginaba todavía en una pasarela, pero la indeclinable cultura sinaloense, que procrea miles de concursos de belleza, la empujó a incursionar en ellos y a enamorarse de la vanidad. "Viví mis etapas... a partir de los dieciocho años me empezaron a decir que tenía potencial pero no era algo que me llenara en ese momento, era más la escuela, pasármela bien con mis amigos", cuenta.

Su primera corona la lució dos años después, en 2005, en el certamen local y posteriormente nacional de InterModel, donde obtuvo como premio la realización del calendario de Latinas Illustrated. A los doce meses repitió la banda y el almanaque.

"Estaba asustada porque me fui sola a la ciudad de México, y no sabía que era una competencia con chavas de todo el país; además estaba chiquita, no había salido de mi casa, y al llegar a una ciudad tan grande sentía que todo se me venía encima."

Al tiempo que Laura estudiaba para maestra de preescolar se preparaba para ser modelo, apunta la periodista de *Noroeste*, que cita: "Cuando terminé la escuela me fui, llegué, le entregué los papeles a mi mamá y le dije: 'Ya te cumplí, ya me voy'. Al principio puso el grito en el cielo: '¡Cómo te vas a ir sola a una ciudad tan peligrosa!' 'Es que no les estoy pidiendo permiso, no les estoy pidiendo nada, es lo que quiero hacer'".

La esperaban los desafíos de la ciudad de México para llevarla a otros niveles del modelaje profesional. "La agencia me mandó a hacer un *casting* donde había chavas argentinas, las veía grandotas y me sentía chiquita, salí corriendo y no lo hice, hasta que dije: 'Tengo que hacerlo', empecé a trabajar y se me fue dando poco a poco."

A escasos meses de que Laura fuera aprehendida con un narcotraficante, argumentaba la periodista, ella aún no tenía vínculos con esas personas. "Hay gente que no confía en mí, quiero demostrarles lo que soy", admitió. Su detención el 22 de diciembre de 2008 al lado de un presunto operador del Cártel de Juárez, Ángel Orlando García Urquiza, quien dijo ser su novio, suscitó apasionadas polémicas sobre la influencia de los narcotraficantes en la sociedad sinaloense. La discusión muestra el crisol de posturas sobre diferentes temas: la legalidad, el chovinismo local, los valores encontrados, los diferentes conceptos de belleza, el papel de los políticos, la policía y los medios en el tema del narco.

A pocos días de ser detenida, Laura indirectamente recibió amenazas de muerte en un *blog* relacionado con noticias del narco: "Es necesario exterminar a drogadictos, mulas, políticos corruptos, e incluso a sus mujeres y sus perras madres que los parieron, y ahora los esconden y los alimentan para matar a inocentes", se leía. Este anónimo desató un mayor debate en las redes sobre la joven; sin embargo, Laura Zuñiga retomó su carrera de modelo.

El día que la detuvieron, numerosos diarios de habla hispana comentaron la noticia. *El País*, de España, empezó su nota recordando al personaje de la exitosa novela de Arturo Pérez-Reverte, la cual también fue llevada a la televisión:

Teresa Mendoza ya tiene sucesora. La protagonista de *La Reina del Sur*, la novela que Arturo Pérez-Reverte ambientó hace seis años entre los cárteles mexicanos del narcotráfico, se encontró ayer con una digna imitadora de carne y hueso.

A lo que no se atrevió el escritor fue a premiar a su protagonista con un certamen de belleza, pero en México la realidad siempre supera a la ficción: Laura fue coronada el pasado julio [de 2008] como reina de la belleza de Sinaloa y en noviembre viajó a Bolivia donde ganó el galardón de Reina Hispanoamericana.

Sílber Meza, reportero del diario *Noroeste*, advertía el 24 de diciembre de 2008, comentando el caso de Laura con varias jovencitas de Culiacán, que las muchachas podían ser *robadas* por algún malandrín o capo y llegarse a enamorar de uno de ellos, atando su existencia a la violencia. Algunas aceptan su estilo de vida y otras lo rechazan, pero todas temen ser asesinadas junto a su pareja. La seducción de los narcos empieza con los dólares en los bolsillos, grandes camionetas, joyas, enormes arreglos florales y paseos costosos; el objetivo es demostrar su riqueza y poder.

Para una amiga de la modelo, Laura era una digna representante de las mujeres sinaloenses, su belleza triunfadora así lo demostraba y además, entre tanta angustia, decían múltiples voces, sus triunfos alegraron a los habitantes del estado: "Sinaloa le brinda todo el apoyo". A escasas semanas de que Zúñiga fuera electa Nuestra Belleza Sinaloa, pasó de la nota rosa a la roja, y de los elogios a los vituperios: de reina a presidiaria. Los jueces finalmente no la encontraron culpable, pero para la mayoría de los sinaloenses que externaron su punto de vista sobre su detención sí lo era.

Hubo quienes defendieron a la espigada modelo por el solo hecho de ser paisanos: "Somos sinaloenses y Laura también, levantemos nuestra cara con orgullo"; pero otros se avergonzaban del paisanaje: "Ojalá le alcance el dinero que llevaba para comprar su fianza. Qué pena, yo sé que no toda la gente de Sinaloa es como ella, gracias a Dios. Deberían aceptar que el narco influye en todos los ámbitos ¿Ella, maestra? ¿De qué, en qué país vivimos? Pobre de mi país, tan lejos de Dios y tan cerca del narco".

"Puso a Sinaloa en lo más alto pero de la corrupción y la podredumbre, pues hasta en los concursos de belleza está metido el narco; qué vergüenza y lo siento por los organizadores de dicho concurso, que les destaparon la cloaca." Tampoco faltaron las orgullosas defensoras de la belleza regional y de la importancia, dicen sus apologistas, de los *buchones* en la sociedad sinaloense:

> Aquí en Sinaloa feas no somos y creo que en eso tenemos fama, y si hay mucho narco o *buchón*, no tenemos la culpa de tener novios con carrazos y camionetonas, una para cada día de la semana, ropa de marca todos los días para el más mínimo detallito. A los narcos no los defiendo pero mucha gente vive de eso y bien, *lavando* dinero, así que no se quieran lavar las manos: todos estamos en la misma llave y de ahí nos las lavamos. Por Dios, aunque suena cruel y está muy mal, pero del narco vivimos. ¿De dónde se saca para las construcciones grandes? Hasta el gobierno vive de ellos, así que déjense de mamadas, viejas culeras, agarren a un narquillo; bueno, aunque sea un gato, porque no creo que un narco las pele y para una cirugía no les alcanza, pero por lo menos para que anden bien vestidas.

Laura Zúñiga fue absuelta y se fue a vivir a Estados Unidos. Antes, al referirse a la película *Miss Bala*, que dirigió Gerardo Naranjo en 2011, la cual hace referencias a ella, escribió en Twitter que era algo que no le interesaba en lo más mínimo y que era "una pena que en México se [hicieran] ese tipo de películas, porque todo lo que dicen ahí es mentira. Un beso".

El 7 de noviembre de 2011 la cuenta oficial de Nuestra Belleza México, la empresa que organiza los concursos de las mexicanas que participan en Miss Universo, informó que Laura había dado a luz a un niño. El 17 del mismo mes concedió una entrevista a una televisora hispana en Estados Unidos y el 31 de marzo otra, en México, al periodista Joaquín López-Dóriga: en ambas dio la versión de su inocencia, la cual fue aceptada previamente por la PGR.

El 27 de noviembre de 2012, por medio de su cuenta en Twitter, reveló que reside en la ciudad de Nueva York. Para cerrar la historia *hollywoodense*, dijo a sus seguidores: "La gloria no consiste en no caer nunca, sino más bien en levantarse las veces que sea necesario. Amo a Dios y a mi familia con todo corazón. Muchas gracias a todos por sus muestras de cariño... besos a todos".

LA REINA MÁRTIR DE LA GUERRA
DEL NARCO

En El Palmar de los Leal, perteneciente al municipio de Mocorito, Sinaloa, el 24 de noviembre de 2012 cayó abatida en medio del fuego cruzado de militares y sicarios María Susana Flores Gámez, de veintidós años, quien fuera electa Mujer Sinaloa ese mismo año. El asunto atrajo la atención de los medios nacionales e internacionales durante varios días.

Era la primera vez que una reina de belleza ligada a narcotraficantes caía muerta en un hecho de armas. Sólo faltaba una semana para que Felipe Calderón dejara la presidencia de la República cuando la *guerra contra el narco* se vio coronada con la muerte de una reina: era el símbolo que faltaba en una sangrienta etapa de la historia de México, cuando más de sesenta mil muertos por causas violentas, más de veinticinco mil desaparecidos y más de trescientos mil desplazados hacían las estadísticas de la violencia.

Una mujer con cara de ángel, cuerpo celestial y voz acariciante resultó acribillada por el Ejército Mexicano en un aparente enfrentamiento; la información oficial dijo que la bella había empuñado un cuerno de chivo y enfrentado a los soldados. La reina, según el parte militar, fue utilizada por los sicarios como escudo humano, pero diferentes versiones periodísticas y ciudadanas señalaron que no era cierto. La refriega fue narrada por el diario *El Debate* de esta manera:

> La joven reina de belleza perdió la vida en el enfrentamiento que, según las autoridades castrenses y policiacas, se había generado desde las 05:00 horas del sábado pasado, aproximadamente.
>
> Dicho tiroteo se suscitó entre elementos del Ejército Mexicano y civiles armados primeramente en el poblado de Caitime, Salvador Alvarado, hasta donde los castrenses llegaron encubiertos en una camioneta luego de hacer labores de inteligencia, y fueron recibidos a balazos por los presuntos delincuentes.
>
> Al momento de que los elementos militares repelieron la agresión, algunos civiles huyeron del lugar y uno de éstos quedó abatido afuera de lo que momentos después se indicaría que era una casa de seguridad.
>
> La balacera se extendió hasta el poblado de El Palmar de los Leal, en Mocorito, donde quedó el cuerpo sin vida de la hoy extinta reina de belleza.
>
> Posteriormente, los enfrentamientos siguieron hasta la comunidad de El Progreso, también en el municipio de Mocorito, donde los presuntos delincuentes asesinaron a un civil para despojarlo de una camioneta, en la que posteriormente se darían a la fuga.

La historia no terminó ahí. El sábado 4 de enero, casi mes y medio después de la muerte de Susana, *el Cholo* Iván, jefe local del cártel de Sinaloa en la región del Évora y quien fuera pareja sentimental de la reina, mediante una acción espectacular y desafiante, la cual habla del dominio que ejerce sobre esa zona del estado, mandó colocar sesenta y siete mantas donde buscaba honrar y limpiar la imagen de María Susana. En ellas, *el Cholo* negó que la bella dama hubiese empuñado el arma y lanzado plomo, y afirmó que, por el contrario, fue asesinada por los soldados del Ejército Mexicano. En una el capo reclamaba: "Señor Gobernador, por qué no pide que investiguen la muerte de María Susana Flores, la mataron los soldados nomás porque traían la orden de matarme a mí y no pudieron, y al mando del general Gurrola, que está con *el Chapo* Isidro, la muchacha nunca había portado armas, muchos menos detonarlas, que se investigue bien a ese general Gurrola que es pagado por *el Chapo* Isidro".

En otra más, continuó con su versión de los hechos: "General Gurrola, cuánto te pagó el Isidro [...] asustar gente pa que no digan la verdad de cómo pasaron las cosas de cuando mataron a Susana Flores, vas a negar que mandaste a los soldados color arena a amenazar gente de los ranchos pa que no digan la verdad".

Al gobernador no le interesaron los reclamos y las denuncias del capo sino saber cómo fue posible que se hubiesen colgado las mantas sin que las autoridades lo percibieran. Ironizó: "La ciudad de Guamúchil se vio tapizada de narcomantas y nadie se dio cuenta".

En medio de la sangrienta disputa por su ciudad, María Susana, quien conoció desde pequeña la cultura narca y por lo mismo no supo escapar del romance con un capo, tampoco pudo evitar ser la primera reina de belleza sinaloense que cayera trágicamente en un duelo entre los soldados y los hombres armados en la cuna del narcotráfico mexicano.

Su muerte resonó por lo que ya sabemos: la violencia y la belleza son materia prima predilecta de los medios de comunicación contemporáneos; ambas desplazan cualquier otro tipo de noticia, y cuando se combinan la flama es insuperable para seducir a las masas. La televisión, al apropiarse de las imágenes y transmitirlas, las convierte en espectáculo; la necrofilia exhibida, sobre todo de la belleza, es una mercancía muy redituable.

Una reina de belleza con una poderosa arma en las manos —así sea imaginada—, caída en batalla —aunque no sea algo plenamente comprobado—, es una tentación mediática difícil de rechazar. Belleza y violencia, dos símbolos máximos de poder combinados, no los resiste ningún órgano periodístico moderno ni tampoco el público, ávido de espectáculo.

Al tiempo que Sinaloa se preparaba junto con el estado vecino para la culminación de una de las grandes obras de ingeniería de los últimos tiempos, la supercarretera Durango-Mazatlán, que incluye el notable Puente Baluarte Bicentenario, el atirantado más alto del mundo, una joven sinaloense, notable por la posición que alcanzó en vida como parte de una cultura arraigada, encontraba la muerte en el sinsentido de la violencia; no habría de merecer en ningún momento el prodigio carretero la alta difusión de la nota trágica, en una metáfora del estado de cosas vigente.

Durante el velorio de la reina, la banda soltó aire por los metales y retumbaron las tarolas y el cuero de *cochi* a lo largo de prolongadas horas ante los oídos de escasos familiares. Los militares patrullaban los alrededores de la funeraria y pocas personas merodeaban el espacio del luto aun cuando Marisol, como le decían sus más cercanos, gozaba de una gran popularidad en Guamúchil. Ese mismo día, el coordinador y director del concurso Mujer Sinaloa, Juan Castaños, lamentó el fallecimiento de la ganadora del certamen 2012 y detalló que con su título ya había competido en escenarios como Miss Turismo Oriental Internacional, pues era portadora de la corona de Miss Turismo Oriental México.

Al día siguiente del tiroteo, domingo 25 de noviembre, María Susana Flores Gámez, Mujer Sinaloa 2012, según la nota del diario *El Universal*, "fue sepultada por su familia con su vestido y cetro de reina de belleza, en una fina caja de madera en medio de un gran cerco militar. Los vecinos, quienes temen ser identificados, sólo dijeron que 'Susy', como la conocían, vistió sus mejores galas de reina antes de ser colocada en su tumba, en la ciudad de Guamúchil".

Pocos días después la PGR notificó que Susana, según los exáme-nes, sí había jalado el gatillo en el enfrentamiento con los militares, lo que no se sabía en ese momento es que cerca del cuerpo reposaba un rifle AK-47 que fue adquirido por Uriel Patiño, uno de los más asi-duos compradores de armas en Phoenix, y que era parte de la Ope-ración Rápido y Furioso: tal información desató una acalorada polé-mica en las calles de Sinaloa, en las redes sociales y foros electrónicos, que pareció dividir a los amigos y hacer estallar las pantallas de las computadoras. El intercambio de opiniones trazó un rico mural de lo que siente, piensa y dice encontradamente la sociedad sinaloense sobre los capos de la droga y todas las manifestaciones que los rodean.

Para algunas personas que la conocieron de cerca, la cuestión de que se haya involucrado con un mafioso no fue sino una decisión estrictamente personal que no le incumbía a nadie más, tampoco un dilema ético sino el simple resultado de una abrumadora at-mósfera social que permite pocas alternativas. Las muchachas bellas que adoptan la pasarela como vitrina o escalera de ascenso social siempre corren el riesgo de ser deseadas por los *buchones*; las reinas son un símbolo ambiciosamente perseguido por los hombres de los dólares y los cuernos de chivo. Después de la muerte de Susana, escribió un vecino de Sinaloa en uno de tantos foros electrónicos:

Qué tragedia para una joven ser del gusto de un narco, hasta ahí le llegó la tranquilidad, porque a veces aunque ellas no quieran se las llevan a la fuerza. Sólo imaginen que ustedes viven en un pueblo pe-queño, como Guamúchil, donde manda el narcotráfico y cualquier matón sin escrúpulos al mando de aproximadamente cincuenta o cien analfabetas armados le pone el ojo a tu hija porque es bonita; sólo imaginen si ella le dice que no, ese tipo es capaz de matar a toda

160

la familia, hasta a los vecinos, y jamás la autoridad se interpondría. En Guamúchil manda ese tal *Cholo* Iván y su grupo de malandrines armados que se pasean a toda hora por todas las calles y nadie, ni el Ejército, menos la policía, dicen nada.

Pero advierten otras mujeres jóvenes, embravecidas y ofendidas porque se piense que todas las mujeres del estado andan a la caza de narcos:

Ahora de putas y *buchonas* no nos van a bajar a las mujeres de Sinaloa. No se vayan a ir con la finta, no todas andamos en los mismos rollos, la mayoría somos decentes y no nos alucinamos con los narcos ni con el dinero fácil, no nos vengan a chingar. ¡Se pasan! Somos mucho más las sinaloenses de bien, honestas y con principios, que unas cuantas con cerebro de chorlito que se meten con narquetes. Por ellas la llevamos todas y no se vale. Hay que ser una retrasada mental para no saber las consecuencias de fijarse en un delincuente.

Susana, a diferencia de muchas otras jóvenes, no fue secuestrada ni presionada por *el Cholo* Iván, dicen quienes la conocieron en Guamúchil y Culiacán. Ella decidió libremente ligarse con el capo; su medio social la encauzó hacia ese escenario. No quiso romper con la senda trazada desde años atrás por su propio padre, quien murió de forma violenta cuando la bella era todavía una niña. Su infancia fue su destino.

EL AÑO EN QUE EL NARCO SEMBRÓ EL PÁNICO

Astrid Macías, a diferencia de muchas reinas del Carnaval de Mazatlán, antes de estudiar la preparatoria nunca fue reina de nada ni aspiró a serlo, algo excepcional en una muchacha bella del puerto. En la prepa lo deseó, pero otras candidatas se lo impidieron; no sabe por qué sucedió así y las autoridades de la escuela lo aceptaron. Parecía que la frustración preparatoriana le había alejado para siempre los deseos de ser una reina porque su ingreso a la universidad significaba, creyó, el abandono de las fantasías infantiles.

Además, en su infancia las reinas del carnaval le parecían estar a una altura inalcanzable, eran de una belleza no terrenal. Pero de súbito un impulso interno, quizá proveniente de su cultura o de una personalidad perseverante y guerrera, la llevó a la decisión de aspirar a ser la reina del Carnaval de Mazatlán: no podía aceptar que las adolescentes que la habían agredido y desmoralizado en la secundaria y la preparatoria le quitaran el deseo de comprobar que podía ser más perseverante, segura y convincente que otras chicas que cumplían más fielmente con los estereotipos de belleza imperantes en los concursos de belleza.

Astrid es una muchacha de clase media, hija de una maestra de bachillerato, y para ser candidata a reina del carnaval tenía que pagar una cuota de treinta mil pesos, la cual su familia no podía cubrir; pero había ahorrado esa cantidad trabajando en Tennessee, Estados Unidos, en la tienda de unas tías, y la utilizó para inscribirse en la fiesta mazatleca. Sin duda estaba determinada a ser una reina, al grado de invertir todos los fondos de su primer trabajo. El poder simbólico de ser reina era muy grande, pero era más el deseo de convencerse a sí misma de que podía obtener un reconocimiento a su esfuerzo, dedicación y personalidad resuelta, y además tenía carisma.

Fue una candidata inusual porque renunció a hacer una campaña propagandística en la que se empeñan la mayoría de las aspirantes, muy al estilo de un postulante a alcalde, con fotografías espectaculares, anuncios en los diarios y distribución de regalos. Astrid, en cambio, como una estratega consumada, se dedicó a leer libros que la ilustraran en temas mazatlecos, a ensayar preguntas y respuestas con su madre, y a estudiar videos de las reinas de anteriores carnavales; en particular, la participación y las palabras de Lucía Atkins, la única reina del carnaval en toda su historia que era hija de un afroamericano y una mazatleca, la impresionaron por su autenticidad y elocuencia. Lucía la inspiró para no dar respuestas trilladas, y para eso leyó ensayos, novelas y reportajes; sin embargo, no renunció a lecturas generalmente despreciadas en círculos intelectuales, que en varios casos y especialmente en el de ella sí han logrado su objetivo: motivar a las personas. Recordó una y otra vez las enseñanzas de *El secreto,* libro escrito por Rhonda Byrne, el cual habla de "la ley de la atracción", cuya tesis central es que "los pensamientos positivos atraen riqueza, salud, felicidad y relaciones", incluso en el estrado, justo antes de que el jurado le preguntara: "¿Mujer, madre o mujer profesionista?"

Recordando a Germán Dehesa, del que había leído escritos sobre la dependencia que por siglos tuvo la mujer del hombre, y quizá teniendo como ejemplo el de su madre, quien la había criado sola, expresó que "el día de hoy habrá que festejar el advenimiento de una mujer a la que no le interesa ser esclava y por el contrario es audaz, busca la cultura y construye proyectos de vida, y con ello es capaz de ser ambas cosas". Dice Astrid, firme creyente de los libros de "superación personal", que en *El secreto* aprendió que tenía que confiar en sí misma y que el universo, así tal cual, se encargaría de darle los instrumentos para ganar. "El poder de la atracción es muy fuerte pero tienes que creerlo", dice, y ella lo creyó. "No tengas miedo, porque lo atraes." No lo tuvo y no lo atrajo; se repetía constantemente: "No voy a tenerle miedo a ninguna pregunta". Caminó al escenario y se iba diciendo: "Lo voy a hacer, lo voy a hacer". Óscar García, uno de los organizadores del carnaval, les decía que recurrieran a la imaginación y les preguntaba: "¿A qué sabe el verde?" Ella imaginó el blanco porque eso le permitía pensar positivamente rumbo al escenario.

La favorita era Karen Tirado, una preciosa chica alta, de enormes ojos y rostro de querubín. Astrid reconoce que ella misma la veía más bonita que ninguna otra candidata pero no experimentaba celos de ningún tipo, simplemente se sentía muy segura de lo que ella era y quería. Karen se perdió en su respuesta cuando le preguntaron: "¿Belleza o inteligencia?", y también perdió el reinado del carnaval: era simpática y amigable, pero se extravió en el momento culminante.

La arrogancia, piensa Astrid, les retira el encanto a las mujeres bellas; ella se siente mejor tratando por igual al presidente municipal, al gobernador o al señor que hace la limpieza en la calle. Cita una discusión de su clase de ética: cuando discrepó de su profesor, quien hablaba de la fealdad y de las personas con suerte, le dijo: "No es suerte, es actitud".

Astrid no cree llenar los estereotipos de la belleza sinaloense —ojos grandes, cabello oscuro, alta, piel blanca—, pero sí lo mejor de su personalidad: decidida, abierta, segura y cálida. Cuando la nombraron reina del Carnaval de Mazatlán, se dijo: "¡Al fin lo logré!" En realidad esa expresión iba mucho más allá del simbólico cetro: remontaba el *bullying* de las estudiantes de secundaria y el desprecio de las preparatorianas; también le agradecía a su madre el amor incondicional, su compañía y consejo en los momentos difíciles, donde sólo estaban ellas dos. En la noche del triunfo, como en su infancia, durmió felizmente al lado de su mamá.

Esta historia como de cuento de hadas a la mazatleca, con villanas, drama y heroínas, tuvo un corolario de cruda realidad el martes del desfile de carnaval con que culminaba la fiesta. 2010 fue uno de los dos años más críticos en la historia de Mazatlán: la *guerra del narco* arrojó cientos de muertos en el municipio y en el conjunto del estado, como nunca antes. En todo Sinaloa, en 2010, el promedio diario de muertos fue de 6.17, y el total a lo largo de esos doce meses, 2 251. ¡Una violencia no vista desde la Revolución mexicana! La fiesta mazatleca y su reina no pudieron salvarse de las repercusiones de la guerra. Así lo describió Silvestre Flores Gamboa:

> Conforme fue acercándose la festividad, se desataron una serie de rumores entre la población mazatleca sobre el aviso de diversos ataques planeados por grupos de narcotraficantes durante los diferentes eventos y en contra del mismo público asistente. Tales rumores provocaron que los diferentes festejos del carnaval presentaran dos escenarios: por un lado, los espectáculos cerrados, como las coronaciones de las reinas, que registraron altas asistencias; pero por otra parte, en los eventos masivos y abiertos, como los de Olas Altas, hubo una disminución de cincuenta por ciento en la asistencia, ya que sólo ingresaron veinticuatro mil personas contra las cincuenta y ocho mil que en promedio se habían registrado un año antes.[6]

La violencia había escalado en Mazatlán cuando, en medio de la guerra entre las células del *Chapo* Guzmán y los hermanos Beltrán Leyva, antiguos aliados, apareció el 27 de enero de 2010, en fecha muy cercana al carnaval, el primer cuerpo colgado de un puente sobre la carretera que lleva a Nayarit. El impacto psicológico de esa imagen en la población local fue tremendo: hasta ese momento, los sangrientos enfrentamientos y las numerosas muertes entre los cárteles se habían dado por lo general fuera de la ciudad y hacia el norte del estado; a partir de entonces se desataron rumores de todo tipo y llegaron a las puertas de la fiesta porteña.

---

[6] *Escenarios de violencia e inseguridad en los destinos turísticos. Mazatlán como estudio de caso*, Faciso–UAS, Mazatlán, 2011, p. 76.

Como no había respuestas eficaces de ninguno de los niveles de gobierno a la violencia y a la crisis económica local, los ciudadanos, al borde de la desesperación, empezaron a movilizarse. Primero lo hicieron los vendedores de playa, después los choferes de transportes urbanos, los guías de turistas, los servidores de deportes acuáticos, restauranteros, joyeros y artesanos: todos escribieron cartas a los diarios y celebraron conferencias de prensa para manifestar su desesperación, coraje y demandas a la vez. Los hoteleros levantaron la voz, los editores de los diarios y comentaristas de radio clamaron y reclamaron acciones eficaces contra la violencia, pero las respuestas fueron insuficientes.

Los rumores sobre secuestros, amenazas, extorsiones y chantajes se propagaron por todos los municipios del sur del estado. Muchos empezaron a vivir en el pánico; otros padecieron por lo menos la incertidumbre. Huyeron capitales y llegaron pocas inversiones, incluso decenas de negocios pequeños cerraron sus puertas ante las extorsiones y amenazas. Los jóvenes salían menos a divertirse, y los bares y restaurantes del área turística principal, la llamada Zona Dorada, lucían famélicos. Otros no se intimidaron pero no eran optimistas; tenían valor pero pocas esperanzas.

Los números rojos del carnaval de 2010 fueron de los peores en décadas, pero los primeros cinco días de fiesta pasaron sin violencia aunque no sin incertidumbre. Sin embargo, cuando parecía que el carnaval no tendría ningún hecho que lamentar y se cerraba la festividad con el desfile que encabezaba la reina, los rumores estallaron en una estampida de miles de niños, adolescentes, hombres, mujeres y ancianos que creían haber escuchado un *carraqueo*, como se llama en Sinaloa al sonido de los cuernos de chivo. Las comparsas, músicos, princesas del carnaval y la reina de los Juegos Florales, Karen Tirado, saltaron todos de los carros alegóricos y corrieron entre sillas, zapatos, ropa, celulares, bolsas de mujer, restos de alimentos.

La inercia del rumor recorrió alrededor de tres kilómetros; iba creciendo con los llantos, gritos y más y más rumores: "¡Secuestraron a la reina de los Juegos Florales y también a la reina del Carnaval! ¡Hubo tantos muertos! ¡Hirieron a fulanito!" La mejor crónica de esta estampida la hizo la reina del carnaval:

> Gocé bastante mi reinado, aunque fue un año en el que hubo muchos hechos violentos, porque fue cuando se desbarató el desfile por la psicosis que habían provocado los rumores de violencia: la gente no quería salir al carnaval. El desfile del domingo fue muy tranquilo, pero el martes decían que ya casi se terminaba el carnaval y no había pasado nada, por lo que asistieron.
>
> Yo lo disfruté mucho y era el último desfile, así que lo tenía que gozar. Comenzó y todo marchaba muy bien, pero a la altura de los mariscos El Camichín, casi llegando a la calle Belisario Domínguez, empieza un intenso movimiento de personas: los niños comenzaron a correr, las personas con las bandejas de ceviche, todos. Fue impresionante porque yo los veía desde arriba, desde mi carruaje, aunque no tenía idea de lo que pasaba; no tenía miedo, pero le pregunté a un hombre de seguridad y me dijo que era solamente un pleito, que no me preocupara. En ese momento me imaginé un pleito cercano, pero nunca que venía una multitud desde el Caliente [a más de tres kilómetros de distancia].
>
> Llegó el momento en que escuchaba al mismo tiempo: "Tenemos que seguir avanzando, mataron al Centenario (el Rey de la Alegría del Carnaval); a Karen, la reina de los Juegos Florales, se la llevaron". Me sorprendí bastante, no lo podía creer… "¡Vienen por la reina!" La gente me decía: "¡Bájate, porque vienen por ti!", y yo no entendía nada. Rigo Lewis ya había corrido con la gente. No había personas que manejaran los tractores [que arrastraban los carros] y pedí ayuda para bajarme, fue cuando escuché a todas las

personas decir: "Mira, ya no está la reina… Escóndete porque vienen por ti". Yo les preguntaba: "¿Quién?", pero me decían que no sabían, sólo que me escondiera bien, porque ya se habían llevado a la reina de los Juegos Florales y al Centenario lo habían matado. Estaba muy confundida, no lo podía creer, me sentía como en una pesadilla porque no era posible que el desfile se estuviera desbaratando: frente a mis ojos ya no había desfile.

Como había muchos agentes de seguridad en mi carro, me dijeron que debía continuar; uno de ellos se subió a manejar y los carros siguieron circulando; ya no había personas en los carros de atrás, ya no estaba la reina de los Juegos Florales, el Rey de la Alegría tampoco, ya no había niños, se llevaron a las embajadoras, pero mi carro continuó.

Yo estaba abajo; un fotógrafo se subió al lugar de la reina para tomar fotos, pues hubo un momento en que me asusté y bajé, era muy extraño ese momento. Total, que continuamos, el fotógrafo iba arriba y me volví a subir, le pedí el lugar, me lo cedió y seguí saludando.

Las personas decían: "Mira, la reina se va a subir, no pasa nada, hay que quedarnos". Mucha gente no corrió y que yo continuara les dio seguridad, entonces el mío se convirtió en un carro de niños perdidos, de gente de las comparsas que se habían extraviado y yo les decía que se subieran, iba mucha gente abajo. Las personas de adelante decían: "¡Mira, viene la reina!", y empezaban a aplaudir. Ese momento lo disfruté, porque aun con todo lo que había pasado volví a subirme y fui la única que terminó el desfile; los demás carros estaban vacíos, de hecho los sacaron en la nota del periódico *Noroeste*. Todos decían: "¡Bravo por los valientes!" Los que se encontraban perdidos y venían en mi carro estaban bailando, la gente aplaudía mucho porque ya no había carros con gente y decían que venía la reina; yo me bajé hasta donde terminaba el desfile del carnaval.

José Luis Franco [director del Instituto de Cultura] me felicitó por el hecho de cerrar el desfile, porque realmente yo no sentí esa psicosis, tal vez porque lo estaba disfrutando; creo que me llegó a felicitar el alcalde, Jorge Abel López Sánchez, pero no lo recuerdo muy bien.

Me sentí tranquila porque no tenía miedo. Al principio no tenía permiso para declarar porque no sabía lo que había pasado, pero el periódico decía que no hubo muertos; sí se extraviaron algunos niños, pero no hubo balazos. Realmente era una psicosis muy fuerte, a mí me explicaron que había sido un malentendido.

Fue un año muy crítico, con muchos enfrentamientos, y también el año siguiente en el que sucedió [el asesinato de varios jóvenes] en la disco. Nosotras, Karen y yo, ya íbamos a dejar los reinados y nos informaron que en la madrugada habían matado a un grupo de jóvenes. Realmente teníamos miedo.

A mí no me afectó, porque sí se dijeron muchas cosas: que había llegado a mi casa la cabeza de alguien, una mano, y me lo preguntaban a cada rato, pero nada era cierto.

Al terminar el desfile mi mamá me preguntó: "¿Por qué no te saliste para protegerte?", y yo le dije: "No podía dejarlo, mamá, yo soy la reina; no podía dejar sola a la gente".

Si interpretamos la decisión de Astrid, la Reina Valiente, bien podemos afirmar que esta joven llevó al extremo la ficción simbólica del reinado porque tenía que cumplir con el deber de estar al lado de su pueblo. Para redondear esta imagen bastaría decir que dos decenas de niños y señoras que huían de la vorágine se refugiaron en su carro alegórico, como si con su cetro los pudiera proteger. Astrid entró a la avenida Olas Altas, tramo final del desfile, vencedora frente al rumor que había desatado el pánico, sólo acompañada, bajo sus pies, por sus súbditos.

CAPÍTULO 4

Las reinas gay

En 1999 el periodista Sam Quinones visitó Mazatlán con la idea de escribir un reportaje sobre las reinas del carnaval y en general sobre la tumultuosa tradición sinaloense de sembrar monarquías en cualquier rincón. La elección de las reinas del festejo no le pareció nada espectacular, ni siquiera llamativa; no vio lo que esperaba. Decepcionado por un rito que encontró poco atractivo y con una libreta prácticamente en blanco, a invitación de un mazatleco que apenas había conocido hizo una incursión nocturna al submundo de la *zona roja* del puerto: no se trataba, obviamente, de una colonia gobernada por el partido comunista, sino el espacio fermentado por las prostitutas, *padrotes*, maridos infieles, iconoclastas, poetas malditos locales y gays.

Los *table dance* y los bares gays, que empezaron a cobrar auge, no habían desplazado del todo a la zona de tolerancia, así que aún sobrevivían las cantinas donde se hacían desnudos y diversiones cercanas a las orgías públicas. En este contexto Sam pudo observar una atmósfera todavía densa y decadente, digna de un tugurio; como parte de ella, La Fogata celebraba cada año la elección de Miss Reina del Carnaval Gay. Esta fiesta marginal, casi clandestina, la había creado en 1970 Marta Caramelo, una diva transexual, dice

Sam en el capítulo titulado "Los jotos de La Fogata" del libro *True Tales from Another Mexico*.[1]

Esta última fecha es sorprendentemente temprana porque al parecer ni en la misma ciudad de San Francisco, una especie de capital gay de Estados Unidos, habían instituido la elección de la reina de los homosexuales. De hecho, el movimiento de esta orientación había creado sus primeras organizaciones pocos años antes, según escribe Janice Covington en la publicación en línea Q-Notes (18 de febrero de 2011), cuando surgieron Imperial Court, en 1964, y Lavender Panthers, un grupo de autodefensa de la comunidad gay al estilo de los inspiradores Black Panthers, surgidos como parte del movimiento negro por los derechos civiles.

Así que los gays de Mazatlán que descubrió Sam eran bastante vanguardistas en el impulso de sus símbolos y diversiones, aun sin tener la visibilidad alcanzada por sus pares en la ciudad de México. Sin duda alguna, el espontáneo e histórico liberalismo en las costumbres del puerto ha abierto espacios de tolerancia y diversidad, así sean marginales, a conductas, identidades e inclinaciones y orientaciones sexuales y culturales que demandan grandes dosis de atrevimiento en un país fuertemente machista y tradicionalista.

Es probable que el mundo gay sinaloense sea un ejemplo más de la personalidad colectiva regional, menos atada a los convencionalismos y conservadurismos que otras entidades del país. Sin embargo, por lo que nos dicen los testimonios recabados y lo que se puede observar a simple vista en poblados pequeños como Teacapán, Villa Unión y Aguacaliente de Gárate, la tolerancia a la homosexualidad parece ser mayor en la zona rural que en la urbana.

---

[1] Sam Quinones, *True Tales from Another Mexico*, University of New Mexico Press, 2001, p. 85.

Lo anterior no deja de ser una paradoja porque en otras realidades lo más común es que la tolerancia a la diversidad sexual se conozca en las ciudades con mayor escolaridad, ingreso económico y presencia política de partidos de izquierda, como es el caso de la ciudad de México, o de mayor liberalidad cultural, como sucede en San Francisco o Nueva York, en Estados Unidos. Suele decirse que el mundo rural es un espacio por excelencia del conservadurismo cultural: pues, al menos en el corredor costero de Sinaloa, sobre todo de Mazatlán hacia el sur, la realidad parece ser diferente cuando de tolerancia hacia los gays se trata.

Pero a la vez los gays mazatlecos recogieron la tradición sinaloense del culto a las reinas para reivindicar y resimbolizar su orientación. Pareciera una contradicción que tuviesen la decisión irreverente y desafiante de vestirse de mujeres, pero al mismo tiempo lo hagan de una forma que se ve muy tradicional y sujeta a una visión machista del mundo: abundantemente maquillados, con ropas entalladas, provocadoras zapatillas altas y abierta coquetería. Como reinas de belleza, quizá lo más lejano a una conducta subversiva.

Lo cierto es que, en ellos, llevar su feminidad al extremo de los concursos de belleza provoca repudio, confusiones e incluso persecución por parte del mundo convencional. En realidad los gays travestidos ponen a prueba al máximo la tolerancia y aceptación de la sociedad dominante a comportamientos de género minoritarios. En apariencia los transexuales que se visten como reinas son los miembros intelectualmente más pobres de su grupo, pero sin duda son los más osados y con ello subvierten valores convencionales que los excluyen.

Incluso en el seno mismo de la comunidad homosexual, coinciden Janice Covington y Sam Quinones, los travestidos son despreciados. Sam vio en los jotos de La Fogata que eran "envidiosos, intrigantes, oropelescos y escandalosos, una parodia de los peores estereotipos femeninos. Generalmente avergüenzan al resto de la comunidad gay, la cual piensa que los jotos reflejan una pobre imagen pública del homosexual". Con él coincide *la Caprichosa*, un estudiante travesti de la Universidad Autónoma de Sinaloa, en Mazatlán: "Hay mucha envidia entre nosotros", dice.

La zona de tolerancia de Mazatlán resistió los primeros embates de los *table dance* que se abrieron en áreas céntricas y turísticas pero no por mucho tiempo; así que ante una mayor tolerancia a ese tipo de espectáculos en zonas antes *sanctas,* los concursos para elegir a la reina gay se trasladaron a la Zona Dorada, el espacio turístico por excelencia del puerto. Y no tan sólo hubo más aceptación para los concursos travestis en antros *ad hoc,* sino también en la vida cotidiana de otros corredores urbanos y en capas sociales más favorecidas.

Si desde que se abrieron las licenciaturas en la Universidad Autónoma de Sinaloa en Mazatlán, en 1973, hubo alumnos gays en sus aulas, cuarenta años después se les ve cada vez con mayor frecuencia; incluso uno de ellos, en 2005, demandó que se estableciera la elección de la reina gay en la Facultad de Ciencias Sociales. Otros se atrevieron a ir a las fiestas de graduación vestidos como mujeres, tal como hizo Rubí en 2007, o en otro caso, todavía más audaz, cuando en 2012 Micky celebró el fin de sus estudios de bachillerato ataviado con prendas femeninas durante la fiesta oficial del Instituto Cultural de Occidente (ICO), una escuela dirigida por padres xaverianos a la que asisten desde hace más de cinco décadas los hijos de las élites porteñas.

Ya a inicios de la segunda década del nuevo siglo bares como Pepe Toro, en el corazón del área turística, celebraban el certamen Nuestra Belleza Sinaloa Gay, donde participan, además de los *jotos* de los arrabales de Mazatlán, muchachos de las clases medias del municipio. Los jóvenes proletarios y *lumpen* fueron los primeros audaces y desinhibidos en vestirse como reinas dentro de los tugurios de la zona de tolerancia; décadas después siguieron sus pasos los anteriormente menos decididos adolescentes de las clases pudientes del puerto.

Sam Quinones, en 1999, observó en La Fogata, lupanar de la zona de tolerancia, una apasionada disputa por ser Miss Sinaloa Gay entre dos jóvenes proletarios, uno de ellos de condición miserable. Los concursantes portaban en el pecho bandas, como en todo concurso femenino de belleza, con los nombres de sus estados de origen, aunque en este caso eran ficticios: Marta Caramelo —la dueña transexual de la cantina— y los participantes escogían a qué estado querían representar aun sin haber nacido ahí.

La favorita por su belleza, escribe Sam, era Miss Durango, un peinador del puerto: al pasear por la pasarela lo aclamaba el público, arrancaba admiración, pero con todo y la proporción de sus formas, su estatura y guapura, tenía que pasar la prueba de sus convicciones y mostrar ingenio para hilar palabras. Ante ella, ya en pleno final, tomó el micrófono Miss Tamaulipas, un joven de dieciséis años con pómulos pronunciados y esbelto; Abenamar fue el nombre que le dio a Sam. A diferencia de Miss Durango, que tenía un trabajo estable y bien visto, Miss Tamaulipas se prostituía y era pobre, un verdadero *lumpen*. Era miembro de una subclase despreciada, así que su condición social y menor impacto visual no le auguraban una corona.

Pero Abenamar pareció encontrar la antorcha de su liberación con el micrófono en su mano, porque a la pregunta de qué le diría al presidente Zedillo si tuviera unos minutos para hablar con él, respondió con voz de fuego ascendente, elevado en una tribuna revolucionaria imaginaria antes de la toma de la Bastilla: "Si yo fuera, le diría al presidente que a los gays nos debería dar la oportunidad de ser aceptados como cualquier otro". Fue todo, pero su impacto resultó abrasador: la empatía de los demás no pudo ser contenida. Miss Durango vio cómo el triunfo se le escurría entre sus bien torneadas piernas, sus palabras ante el micrófono fueron insulsas y lo irremediable sucedió: Miss Tamaulipas, como la Pasionaria de los gays mazatlecos, se erigió en la reina gay de Sinaloa. Todos querían tomarse una foto con ella y la hicieron sentir por primera vez en su vida que podía ser aceptada; sin embargo, al otro día regresó a la realidad de su blusa raída, sus chanclas baratas y sus ajustados y polvorientos jeans.

Los gays proletarios de Mazatlán, como quizá en todas partes, son más arrojados y rupturistas que otros de condición social más favorecida, como lo demuestra la fuerza interna de Abenamar, y también Luisa, un chico que se vistió de olanes, tul, zapatillas de aguja y maquillaje para celebrar sus quince años.

Luisa es hijo de una empleada doméstica y hermano de otro muchacho gay pero que no se viste de mujer. Éste la celebró en grande porque invitó a todos los habitantes de Villa Unión, una pequeña ciudad a veinte kilómetros al sur de Mazatlán, a la primera fiesta de una quinceañera gay en la historia del pueblo; no fueron todos pero sí alrededor de trescientas personas, entre gays y heterosexuales. Luisa bailó rodeada de damas y envuelta en luces y nubes de fantasía; dice que fue uno de los días más felices de su vida; Rubí, su amiga, considera que esa fiesta abrió puertas a su comunidad, porque seguramente en otros pueblos ya hay quinceañeras gays que quieran festejarse abiertamente. Rubí no celebró sus quince años porque salió del clóset muy tarde y no tenía apoyo familiar.

A Luisa, quien tiene una voz gruesa que le disgusta, su papá lo dejó de ver cuando se vistió de mujer. El abandono no melló su naturaleza porque su mamá lo cobijó; ella es quien le selecciona y le compra la ropa y el calzado; su hermano gay también la apoya, a falta del padre. Pero si a Luisa aparentemente no le afectó que éste la haya despreciado, sí busca a un hombre que la proteja, que sea amable y la "defienda de todo". Rubí coincide con su amiga: "Yo busco que me acepten como soy, siento que esto es lo más importante, y también busco un hombre que me proteja y me defienda de todo. Sería muy padre tener una relación abierta pero nunca lo he intentado, es difícil, aún existe ese tabú".

Ambas desearían tener una pareja estable pero generalmente las buscan hombres casados o con novias. Revelan: "Sí nos han buscado hombres casados, es lo más normal, pero lo raro es para qué nos buscan si ya lo tienen en su casa".

Con tan sólo seis años de educación escolar, Luisa empezó a trabajar a los diecisiete en una estética de Villa Unión al lado de Rubí, ex estudiante de ciencias de la comunicación de la UAS, quien es peinadora y luce una impecable apariencia de mujer. Luisa, muy seria y de pocas palabras, según sus amigas gays es muy solidaria, siempre apoya y ayuda. Cuando hay conflictos, a pesar de su menor edad y educación, es quien pide calma.

Luisa piensa que Rubí es muy buena persona y no es celosa de que otras tengan éxito, pero Rubí cree que las mujeres y las transexuales son igual de celosas o envidiosas, y que en el ambiente gay se compite mucho: "Yo no compito con mujeres sino con transexuales —afirma—, aunque en el ambiente homosexual no nos quieren. Yo no odio a las mujeres porque a mí me gustaría ser como ellas".

En Villa Unión, afirma Rubí, hay muchos gays pero no tienen organización ni una comunidad verdadera; a pesar de eso intentan marcar un poco de historia; ya hicieron una carroza gay en el carnaval de Villa Unión, algo que no se ha permitido en Mazatlán. Cuando solicitaron permiso en 2012 para participar en el carnaval el síndico los autorizó, pero sólo si se colocaban a la cola del desfile y no lo hacían vestidos de reinas. Cuando Rubí, reina gay electa en el bar Pepe Toro de Mazatlán, le pidió permiso para salir, recuerda que el síndico le dijo de una manera muy agresiva: "¿Reina o rey?" Ella le respondió que era reina gay.

Su mamá era feligresa de los Testigos de Jehová, y de ahí nace su creencia en Dios, pero le cierran muchas puertas porque le dicen que el reino de Dios no aceptará homosexuales. Ella les pregunta: "¿Quién escribió la Biblia, fue un hombre o Dios? La Biblia no deja de haber sido escrita por un hombre y tal vez lo hizo algún homosexual reprimido o un homofóbico". El ambiente de Rubí fue intensamente religioso, lo cual la arrojaba a la angustia diaria y al ácido enfrentamiento de las emociones.

Por el contrario, a Luisa no le inculcaron ninguna religión ni su mamá la profesa. Esa ausencia al parecer la limpió de sentimientos de culpa, vive su orientación sexual sin congoja ni complicidades ocultas desde que jugaba a las muñecas a los diez años de edad. Luisa representa a una nueva generación de gays travestidos, no tan sólo por la edad sino por la seguridad con que actúa.

Celebró sus quince años vestido de mujer de manera muy natural. No le pareció anormal ni extraordinario que su hermano le organizara la fiesta, ni siquiera se había dado cuenta de que era la primera vez que sucedía en un pueblo que tiene más de doscientos cincuenta años de historia. Camina cotidianamente en Villa Unión maquillada, con vestido, zapatillas, las uñas pintadas y bolso en mano rumbo a su trabajo como estilista. No piensa que desafíe normas de ningún tipo ni sufre agresiones que la hieran, salvo algunos gritos burlescos que sin embargo no la perturban.

Al igual que Luisa, Micky es otro chico, andrógino, dice él, que vive a los veinte años su orientación sexual sin ningún complejo y con el respaldo de su familia. Por el contrario, *la Capri*, de veintisiete años de edad, trató de ocultar su homosexualidad más allá de la adolescencia y ha sufrido el enfrentamiento entre el rechazo familiar y el deseo de vivir plenamente su orientación sexual.

En el siguiente apartado se extienden los testimonios de *la Capri* y Micky, dos experiencias muy diferentes pero coincidentes en la intensidad y autenticidad de sus vidas: *la Capri* mediante una vida frenética y densa aunque también festiva; Micky con una nítida visión del espectáculo y el manejo de las redes sociales. *Capri*, quien podría considerarse el travesti más exitoso del sur de Sinaloa, es de los cuatro quien ha vivido, sorprendentemente, intensos romances con narcos en medio de una reveladora y cargada atmósfera.

ANANCADA, ACINTURADA, FINA, LIMPIECITA Y AMIELADA

Mi nombre artístico es Tamara, pero mis amigos me dicen la Capri porque un campesino de El Palmito me bautizó de esa manera; decía que me parecía a la *Caprichosa*, una yegua parejera de su propiedad, fina, con grandes ancas, limpiecita, acinturada y amielada. Mis amigos la dejaron en *Capri*.

La primera vez que me vestí como mujer fue a los dieciséis años, quería imitar a Selena, lo hice en una cantina en Teacapán animado por mis amigos. Yo simplemente quería vestirme de mujer, pero lo hice con el temor de que mi mamá, mi papá o algún primo se enteraran.

Mr. Pulpo se llama el lugar donde se presentan espectáculos gays, ahí van los machos, campesinos y pescadores. Ahora, cuando me visto de mujer con frecuencia, porque ya soy un poco más liberal e independiente, los rancheros me dicen que tengo bonito cuerpo, bonitas piernas y que estoy muy guapa; me miran con deseo, a veces sus miradas me intimidan cuando me ven más por lo sexual. Me han invitado a salir varias veces. Se da mucho de qué hablar saliendo con los hombres, nos invitan a intimar; yo lo he aceptado pero por gusto, no por dinero.

El primer día que me vestí de mujer sentía mucho miedo, no gocé, pensaba en mi familia, sentía que me iban a repudiar y que los machos y borrachos también me rechazarían pero su reacción, después de todo, fue aceptable. Mr. Pulpo era la única cantina en Teacapán con estos *shows* porque el dueño es gay. Desde 1992 se hacen concursos de belleza gay, participaban de todo el municipio: Teacapán, de la Isla del Bosque, El Palmito y otras poblaciones. Le llamaban "Nuestra Belleza Gay Escuinapa"; en aquel tiempo el concurso era en la ciudad de Rosario y no en el antro Pepe Toro, de Mazatlán. El muchacho que organizaba las fiestas de Lola Beltrán y los concursos de Nuestra Belleza de mujeres en Rosario se llamaba Efraín Morales, egresado de la carrera de ciencias de la comunicación de la UAS y corresponsal del periódico *Noroeste*; de él fue la idea de los concursos gays.

La comunidad gay en Teacapán es muy grande y hay, de cierta manera, tolerancia hacia nosotros. La gente ya nos ve normalmente, pero en 1989 o 1990 aún no había respeto, no toleraban que los gays estuvieran ahí, los ofendían. Debo decir que los gays somos muy dados a hacer cosas en beneficio de la comunidad, organizamos las fiestas tradicionales: Día del Marino, el carnaval, hacerle fiestas al santito, Cristo Rey, somos los que decoramos los carros alegóricos y nos hemos ganado el honor de coronar a la reina del Carnaval de Teacapán.

También organizamos celebraciones para la iglesia pero depende del sacerdote que se pueda o no, porque hay a quienes no les gusta que lo hagamos. En la actualidad la misma comunidad nos defiende porque saben que necesitan de un gay para que la fiesta sea mejor. Todos nos piden ayuda, por ejemplo, nos piden apoyo para algún enfermo cuando hacemos nuestro concurso Maniquí Travesti. Saben que ayudamos y que sólo algunos se prostituyen. Las donaciones que hacemos son para Teacapán; por ejemplo, si el parque está en malas condiciones, faltan botes, medicinas y todo eso, aportamos. Los que nos critican son de clase social más baja y no tienen educación; en mi grupo no son exactamente de clase media, pero todos tenemos estudios.

Nuestra organización es informal porque el gobierno nos rechaza, no quiere que hagamos eventos de manera independiente a pesar de que son a beneficio de la gente, pero es porque ellos no lo hacen: cuando pedíamos permisos nos los negaban o querían ganancias, así ha sucedido con todos los gobiernos. Todos quieren para su bolsillo.

A pesar de eso, los síndicos siempre nos han apoyado. Aproximadamente en el año 2000 empezó de manera más continua esta participación, de más de cien gays, pero preocupados por la organización somos como veinte. La desunión se debe a la competencia de unos con otros, hay mucha envidia; obramos bien y los demás no lo ven así, nos ponen trabas.

Los que participamos más somos los que tenemos más educación. Nuestro espectáculo se llama Maniquí Travesti Show, es apto para toda la familia, más que nada es arte, imitamos a artistas como Thalía, Paty Navidad, Niurka, Amanda Miguel. Las escojo porque son sexys; me gusta enseñar pompi y pierna. Ahora disfruto las miradas, quiero esas miradas a las que antes les tenía miedo; creo que también a las mujeres les gusta todo eso.

Participé en un concurso de belleza en Escuinapa pero no gané porque el jurado hizo trampa, todo mundo decía que yo debía ganar, que me veía mejor. Los que organizaban el evento eran gays y no permitirían que ganara uno de otra comunidad, por eso los concursos han perdido credibilidad.

Una de las cosas que más me gustan es que los hombres me miren, que me deseen y después rechazarlos; tal vez lo hago porque a mí me rechazaban mucho, antes pesaba noventa y tres kilos. Quizá lo haga por un dulce sentimiento de revancha.

Yo siempre me reflejé en un amigo diseñador, me dijo que tenía que diferenciarme, estudiar y superarme. Siempre quise ser como él porque es delgado, de cabello largo, así que fui con un nutriólogo y adelgacé; en ese entonces los hombres me rechazaban por gorda y sin embargo pensé que algún día yo los iba a rechazar.

Me gustan los machotes y los casados, creo que es porque me gustan los hombres demasiado varoniles. Si los veo un poco afeminados ya no me gustan, y que estén casados me provoca más, me gusta el pecado fuerte; por eso no tengo nada estable.

Cuando me arreglo la cara, sí me veo mujer y bonita. Me visto de Niurka porque usa ropa muy chiquita y tacones muy altos, entonces los hombres se vuelven locos y me piden que les baile cerca; me empiezan a mandar recaditos o papelitos, hasta yo me sorprendo porque se ven muy hombres. Les digo a mis amigas que deben estar preparadas para todo, porque les puede tocar un hombre que se vea muy varonil pero tal vez haya tenido aventuras con nosotras o tenga una vida doble. Yo soy muy discreta con los hombres, no revelo sus nombres, si tienen novias, son casados o a qué se dedican, no digo nada.

Yo digo que mis parejas son solamente sexuales, de dos de ellos pensé que sí se habían enamorado de mí, pero no fue así; yo sí me he enamorado y he sufrido mucho. Dentro de los encuentros que he tenido con hombres, dos han sido con narcos. De uno de ellos me enamoré.

La confesión de *la Capri* no debería sorprender a estas alturas. Sin embargo, si nos dejamos llevar por los estereotipos, los narcos serían, en apariencia, la renovada defensa dogmática del supermacho mexicano homofóbico. Ésta es la opinión del escritor tijuanense Heriberto Yépez: "El narco es el nuevo encargado de preservar la vieja mexicanidad, la cual incluye destacadamente machismo y matriarcado combinados…Cuando el macho mexicano se había vuelto ridículo, pasado de moda, inverosímil, patético, el narco lo revitalizó, haciendo que el macho volviese a tener dinero, respeto, prestigio, poder…".[2]

Pero si el narco es retro, como dice Yépez, y es la recuperación de lo caduco, de la nostalgia por el viejo orden cultural mexicano, las reinas gays, al menos en Sinaloa, han sido capaces de reventar sus corazas y llevar a algunos de ellos a sus brazos, como lo hizo *la Capri* al menos con dos. Así lo narra:

A los eventos siempre van narcos o gente que trabaja para ellos, anteriormente nuestro gran miedo era que nos sacaran las pistolas y nos bajaran de las greñas, porque creemos que son muy machistas pero nos hemos dado cuenta de que no es así, que incluso les gusta el espectáculo y nos desean. Yo lo veo por el lado de que en nuestra transformación de hombre a mujer nos vemos demasiado bien y les gustamos como homosexuales vestidos de mujeres.

Suelo gustarles siempre, supongo que es porque no uso trucos en las piernas ni en las pompis; me visto muy sexy y eso es lo que los atrae. De hecho un día, en una ciudad de la frontera, estaba bailando y un narco me habló por conducto de un muchacho, me dijo que fuera adonde estaba él pero no acepté, le dije que estaba bailando en el escenario y que cuando me tocara interactuar con el público me acercaría como normalmente lo hacía; amablemente me dijo que estaba bien. En ese momento me dio mucho miedo porque no quería hacerlo.

Continué bailando entre el público, vestida de otra artista, y se me acercó de nuevo; le dije que me esperara, lo que no le gustó porque son muy autoritarios y aparte era el jefe. Me fui al camerino,

2 Heriberto Yépez, *La increíble hazaña de ser mexicano*, Temas de Hoy, México, 2010, p. 185.

llegaron los trabajadores de él y me pidieron que por favor fuera y le bailara. Un compañero les dijo: "No se preocupen, ya le toca personificar a Lis Vega", con esa actuación yo ya interactuaba con el público, y les dije: "Ahorita yo tengo que salir y le bailo". No le bailé exclusivamente a él, sólo a su alrededor, aunque el narco quería que yo le bailara nada más a él. Pensaba hacerlo cuando saliera de Niurka, con el mambo, para que se viera más natural, pero quería marcar mi terreno.

Cuando salí de Niurka vi que les decía algo a sus muchachos y fue cuando me dijeron que quería que le bailara; eso no me daba miedo, lo que sí me asustaba es que le molestara lo que hiciera, pero entonces me di cuenta de que estaba encantado porque no me despegaba la mirada, podía verlo porque ya me encontraba cerca. Era feo pero muy bien vestido, con esclavas de oro. Me empecé a sentir tranquilo bailando, comencé a perder el miedo y la desconfianza. Bailaba el mambo cuando se acabó la canción y pedí que la pusieran de nuevo. Yo estaba prácticamente desnudo, con una tanga que me tapaba nada más adelante y con un brasier bordado al estilo Niurka. Pensaba: "Lo que quiere es que le baile, pues entonces eso haré".

Llegué y le bailé, me llevaba uno de sus trabajadores de la mano para que no me cayera pues él estaba abajo en una cancha, nadie se le acercaba más que su gente. Yo quería que me diera mi lugar y él lo entendió: lo primero que hizo cuando me acerqué fue tomarme las manos y pedirme que le bailara, y me sentí incómodo porque me empezó a agarrar con deseo y pues me tenía que dejar porque era el jefe.

Le bailé de frente y de espaldas, me tocaba toda mi silueta, después me sentó arriba de él, ya no tanto con autoridad sino seduciéndome y disfrutando lo que yo hacía. Toda la gente seguía viendo lo que hacíamos, incluso muchos se dieron cuenta de que me estuvo llamando insistentemente y se inquietaron; ya cuando le bailé se tranquilizaron, empezaron a disfrutar el *show* y a hacer escándalo por mi actuación.

Cuando me levanté para irme al escenario porque la canción iba a terminar, me acerqué a su oído para decirle que me iba y me jaló, me quiso meter la mano al pecho; yo no sabía qué hacer pero al fin se la agarré porque tenía miedo de que me sacara el truco. Me dijo "gracias" e intenté irme, como no me pude subir al escenario al primer intento porque estaba muy cansada, corrieron sus trabajadores, me cargaron y me subieron. Me volvió a hablar para que cuando terminara me sentara con él, y le dije que estaba bien pero que aún me faltaba otro *show*. A partir de entonces respetaba todo lo que yo decía.

Cuando fui a cambiarme de brasier me di cuenta de que se me cayó algo, lo junté y eran varios billetes de mil pesos que me metió al pecho cuando me quiso agarrar; no sabía qué decir. Fui a su mesa cuando terminé y se lo agradecí. Mi mamá se asusta de que los narcos se me acerquen o que ande con ellos, pero me respetan muchísimo.

Yo no sé por qué me pidió que me acercara a él, si fue porque le gusté, le caí bien, le gustó mi carácter, no lo sé. Cuando ando de hombre también me saludan los narcos y platicamos, pero cuando estoy vestida de mujer, ¡es un agarradero de manos!

Me han invitado a salir solo con ellos, pero les digo que sólo podemos ser amigos y que si hubiera una relación íntima eso cambiaría nuestro trato, entonces ellos aceptan y se van.

Creo que si ciertos narcos buscan una miss, incluso si somos travestis también buscan a la mejor. A algunos de ellos les gusta mucho experimentar con nosotros pero lo esconden porque un narco no puede andar públicamente con un gay, llevan como una doble vida.

Entre la comunidad gay hay muchas envidias y competencias y por eso siempre ando sola, no tengo amigos gays porque no les caigo bien, me he dado cuenta de que es porque sobresalgo y ellos no lo toleran.

Cuando quise concursar por Miss Escuinapa Gay lo hice para diferenciarme entre el montón; iba empezando con la fama y los espectáculos, así que pensé que el concurso me daría popularidad, y es que me gusta mucho que los hombres me observen y me admiren en los *shows*.

Los narcos que he conocido me esconden, no pueden reconocer públicamente que estuvieron conmigo a pesar de que siempre presumen cuando se meten con una mujer, con esta y con aquella, pero no dicen cuando lo hacen con un gay. Los entiendo pero no me gusta.

También anduve con el hijo de un narco en Baja California y por eso recibí advertencias del padre, pero con el tiempo me dejó en paz. Siempre que regresaba a la ciudad, ya que casi todo el tiempo se la pasaba fuera, el hijo me buscaba y me gustaba salir con él, pero andábamos con miedo de que le montaran una emboscada. Yo jalaba el cuerno de chivo nada más para ver qué se sentía, porque viví con él, y si lo cargaba, quería que yo también lo hiciera.

Los narcos son muy apasionados, tiernos y complacientes, no es como la gente cree, que son agresivos en la intimidad; por eso he aceptado estar con ellos, porque he andado también con uno de Sonora y es igual, lo que sí me da miedo es que nos agarren a balazos. Nunca me han golpeado.

Pienso que no conocen el concepto de gay porque debido a que son *activos* se sienten machos, y si dicen "me metí con *la Capri*" no piensan en mí como un hombre, pues lo hacen cuando estoy vestida de mujer, eso les permite negarse a sí mismos que son gays. Cuando estoy con ellos, la mayoría de las veces me piden que mantenga mi peluca y maquillaje aunque en una ocasión no fue así pues no había tiempo, ya que siempre están alertas, y no le importó, se comportó igual y yo como una mujer, solamente me faltó la peluca.

A pesar de esas experiencias agradables que cuento y de que me he enamorado, sufrí muchísimo y sigo sufriendo, y creo que lo hacemos todos por el rechazo, la intolerancia; porque por más que quieras ser mujer nunca lo vas a ser. Yo soy hombre, tengo preferencias homosexuales, me visto como mujer pero no me asemejo a una mujer, nunca lo voy a ser. Si me dieran otra oportunidad de nacer, quisiera ser "mujer, mujer" u "hombre, hombre", porque no quiero sufrir. No reniego del género masculino o femenino, pero sí de mi preferencia.

Y es que mi papá me rechazó mucho porque es un ganadero machista, sufrí golpes, rechazo de mi casa, me fui de ahí; todo el tiempo trabajé porque mi papá creía que si me daba dinero yo se los entregaba a los hombres, pues eso se pensaba en ese momento. Me salía con la Biblia, que en el arca Noé subió a un hombre y a una mujer, un perro, una vaca, pero no a un homosexual y yo me traumaba, entonces no sabía por qué era así.

A los diecisiete años le dije a mi papá que yo era gay, porque me agarró del pelo y me sentó en una silla obligándome a hablar, lo que me llenó de coraje y valor para decírselo. Pienso que nunca terminará de aceptarme aunque sí me habla, sé que me quiere y me ayuda para la escuela.

Mi sufrimiento actual es por la ausencia de una pareja, alguien con mi educación, mis ideas y costumbres; también porque el homosexual se ve rechazado en el campo laboral, aunque ahorita ya no tanto, pues con investigaciones escolares que he hecho me he dado cuenta de que sí hay muchos en empresas y a veces con mejores puestos que un heterosexual; lo vi en Los Cabos, Puerto Vallarta y el Distrito Federal. Pero a pesar de lo que encontré me sentí rechazado en tres empleos en Tijuana y creí que era por ser gay, sólo había trabajo en los espectáculos; mis compañeros también reniegan por la poca aceptación.

Si en mí estuviera, me haría hombre o mujer para no sentir el rechazo. En Teacapán, finalmente, me siento mejor que en Mazatlán, tal vez porque conozco a la gente. El D. F. también me hizo sentir muy bien. He sentido mayor rechazo en Mazatlán; en la universidad no, pero sí en la calle. Me encantó estar en el D. F. porque nadie te mira raro, no me tomaban en cuenta. Me sentí aceptada e incluida en una sociedad.

MICKY: "SOY INMORTAL"

Aunque tiene una apariencia femenina a la sinaloense, simpática, directa, abundante en maquillaje, muy cuidadosa en su atuendo y al grito de la última moda, Micky no se ve como travesti, sino como andrógino; es decir, prefiere, al menos esa es su intención, una imagen ambigua. Micky confirma lo que Sam Quinones y otros observadores de la comunidad gay dicen: "La imagen que tienen los gays del travesti es como de alguien muy vulgar, promiscuo, no aceptan a las *vestidas*".

Hasta hace pocos años la ambigüedad se expresaba en la ropa y las costumbres, pero en estos días se llega a modificar el propio cuerpo: los avances de la farmacología y de la cirugía han hecho posible la reasignación sexual. El ideal de un ser andrógino ha existido a lo largo de la historia, desde Hermafrodita, hijo de Hermes y de Afrodita, unido en un solo cuerpo con la ninfa Salmacis, hasta el personaje de la novela *Orlando* de Virginia Woolf, escribió Sonia Baraldi de Marsal.[3]

Camille Paglia, la polémica crítica social estadounidense, nos dice sobre el tema: "...el adolescente hermoso es un andrógino, luminosamente masculino y femenino. Tiene una estructura muscular masculina pero un toque de muchacha [...] Su cuerpo de amplias espaldas y cintura estrecha era una obra maestra de la articulación apolínea; cada grupo muscular embonaba y torneaba perfectamente".

---

[3] *Moda y cultura*, Nobuko, Buenos Aires, 2003, p. 58.

Micky no es un muchacho musculoso ni de amplias espaldas sino más bien de figura esbelta y pequeña, pero encuentra la manera de parecer lo que él desea:

Lo que a mí me gusta proyectar es la belleza andrógina; me gusta tener ese misterio, que las personas me vean y digan "¿es niño o niña?", y que eso pase a segundo término, o que mejor digan: "¡Qué bonito!". Me enfoco más en la belleza femenina porque los hombres no se esfuerzan para verse más bellos. Yo no me considero una mujer, pero sí una reina de belleza y un perfeccionista. El mundo gay es más artístico, hay mucho más esfuerzo por ser bella, porque tú produces todo: yo soy un personaje veinticuatro horas al día. En los concursos de mujeres, por ejemplo, ellas ya son hermosas, con tres gotas de maquillaje están listas para la pasarela; los gays en cambio tenemos que esforzarnos más para hechizar.

Mis papás sabían que era gay desde chiquito porque me maquillaba desde que iba en cuarto año de primaria: para verme más bonito, le robaba el maquillaje a mi mamá y entonces las maestras me chuleaban por mis chapetes, pero era por el rubor y el rímel. Ya usaba delineador en primaria y en secundaria me maquillaba con poco polvo. Me agarré de la onda *rock* y *dark* para poderme maquillar más libremente y después empecé a tomar muchos cursos, por eso decidí tener mi canal de YouTube, luego de que me invitaron a dar clases de maquillaje. Lo que quiero es hacer más femenino mi rostro, y combino lo teatral porque lo femenino es más teatral; mi maquillaje es digno de una chica diva ochentera, de una diva glamurosa con maquillaje exagerado. Yo tengo la filosofía de que todos nacemos carbones, y nos vamos haciendo diamantes. Me gusta jugar y convertirme en un personaje: Audrey Hepburn, Dita von Teese, Marilyn, me gustan ellas y adaptarlas a mi vida. Soy como un camaleón, hoy puedo parecer diva *pin up* y mañana futurista. La belleza para mí es tomar las herramientas y hacer algo único, pero yo no nací bonito, me hice. La belleza es subjetiva, lo demuestro conmigo, y estoy fabricando una imagen que a la gente le guste, que venda.

Micky es andrógino y se esfuerza por cultivar esa imagen, pero su modelo esencial de belleza femenina es el que aprendió en Sinaloa. No abandona su identidad territorial:

Las sinaloenses somos muy guapas por el cabello largo, por la estética que adoptamos y cómo nos arreglamos. Tenemos buenas pompis, buenas piernas y cero busto. En el D. F. me han dicho que me maquille un poco menos y yo les respondo: "Claro que no, que ni lo sueñen".

Soy muy sinaloense en mi comportamiento y pensamientos. He vivido todos mis dieciocho años en Sinaloa; soy muy arrojada, aunque quiera negarlo, y aunque no me gusta la banda sí tengo rasgos mentales [propios de la región]: me encanta la fiesta, y ya después de unas cuantas copas me gusta la banda y me sale lo más profundo de Sinaloa. Me gusta llamar la atención como a las mujeres sinaloenses, que me vean por mi belleza, reflejar en mi vestimenta la manera en que me siento cierto día, pero no por cómo me visto soy promiscua ni prostituta, en cambio sí soy muy teatral. Tengo un buen sentido del humor que viene de mi familia, de mi mamá, que es de Sonora, y por eso en las reuniones familiares nos reímos mucho.

Yo digo que soy resultado de la globalización, porque existen muchísimos más hombres que se consideran andróginos en otras partes del mundo. De las mujeres me gusta Marilyn por su historia, de huérfana y castaña aburrida, al símbolo que llegó a ser. Tengo un póster de ella en mi cuarto.

Se puede afirmar que Micky es un excelente ejemplo de la vanguardia juvenil gay posmoderna de Mazatlán; borra las fronteras de la identidad de género, hace pública su biografía, es un fanático de la imagen, la cual utiliza magistralmente, y se maneja con dominio en las redes sociales. Ha producido cincuenta y dos videos que instaló en YouTube donde él es el único personaje, el más antiguo es de diciembre de 2011, y en su conjunto reúnen casi seiscientas mil visitas; en ellos revela experiencias andróginas y da prueba de sus conocimientos de maquillaje. Tal como dice Roxana Morduchowicz,[4] para muchos jóvenes de la generación de Micky, nacidos a finales del siglo XX o principios del XXI, internet y las redes sociales son "el lugar desde el cual dan sentido a su identidad". En el caso de Micky, por medio de las redes no sólo da sentido a su identidad juvenil sino también a su homosexualidad; no salió del clóset únicamente, sino que exhibe de forma pública y masiva su identidad de género por medio de YouTube y Facebook. Este descubrimiento lo fascinó: "Uno hace videos porque la gente te va a amar con ellos, y como me gusta llamar la atención, con cámara y tripié lo logré más. No podía creer que tuviera tanta aceptación; en el segundo video la gente me empezó a reconocer en la calle. Quiero sacarle provecho a mi imagen y por eso decidí estudiar ciencias de la comunicación en el D. F.".

Pero además, con sus videos y fotografías Micky les propone a otros que aprendan de su vida y fortalezcan su identidad sexual. Gran parte de su intimidad la pone a la vista de todos, no guarda secretos profundos y construye escenarios para transmitir *shows* de su personalidad. En sus videos se comunica con otros pero en realidad lo hace primeramente consigo mismo, donde tiene un diálogo permanente con su propio yo. Él se aceptó y dio a conocer su aceptación sexual antes de hacerlo en las redes, pero el uso de éstas le ayuda a profundizar su emancipación individual. Dice

---

[4] *Los adolescentes y las redes sociales*, FCE, Buenos Aires, 2012, p. 23.

Néstor García Canclini[5] que "antes, los jóvenes se emancipaban a través del trabajo, el estudio y el matrimonio. Ahora, para muchos, las vías preferentes son la conectividad y el consumo".

En uno de sus primeros videos transmitidos en YouTube, llamado "¿Cómo salir del clóset?", Micky entra a cuadro maquillado con base, rubor, labial, sombras en los ojos, pestañas postizas y rímel; lleva un suéter naranja rojizo, en el cuello una bufanda con estampado floral de colores cálidos. Su discurso empieza con un gesto de seriedad, al igual que el tono de voz: "¿Sientes que no estás viviendo tu realidad? ¿Estás cansado de pretender algo que no eres, y quieres gritarle al mundo en realidad cómo te sientes, quién eres tú? ¿No suena tan fácil, verdad?"

Cambia cuadro, esta vez sonriente, suelto, relajado, espontáneo:

Hola, mis amores, ¡qué onda! Hoy les voy a contar mi experiencia personal de cómo salí del clóset.

Bueno, para empezar me gustaría comentarles que realmente nunca estuve dentro del clóset, sino que desde la primaria ya sabía que me gustaban los niños… ¡chin! Y recuerdo que también me gustaba ¡una niña! En sexto de primaria les dije a mis compañeros que era bisexual, tuve uno que otro problemilla, me mandaron llamar con la psicóloga y ya se imaginarán. En secundaria ya fue como descubrir quién era yo. En el ICO, donde estudié desde primaria, siempre hubo mucho drama; me volví popular por ser el raro, siempre con la directora y la psicóloga. Obviamente sufrí porque mis compañeros se reían de mí, pero como soy muy seguro, al final me valió.

Al principio mi papá se reía de los homosexuales, ¡pero le tocó un hijo reina de belleza!

---

5 Citado por Morduchowicz, p. 24.

Ahora siento que la gente realmente me quiere por lo que soy, que me valora por mi personalidad, como soy, como actúo, soy muy abierto. Mis amigas siempre me han querido así, nunca he tenido problema con eso. ¿*Okey*, bebé?

Primero, para salir del clóset tienes que estar seguro de lo que quieres, no puedes estar sesenta por ciento seguro porque ya no hay vuelta atrás, una vez que sales ya no puedes volver a entrar.

Otra cosa muy importante, si quieres que los demás te acepten tal como eres, tienes que aceptarte a ti mismo, quererte; si tienes baja autoestima, ¡súbela! Todos somos hermosos, bellos, o sea, la manera en que te trates a ti mismo es la misma con que te tratarán las demás personas. A la vez, bebé, tienes que saber el momento indicado para decírselo a tus papás, no es como que estás en plena misa y "oye, papá (en medio de la limosna)... es que soy gay". ¡Noooo! El momento se va dando, deja fluir todas las cosas, siente el *flow*, o sea, va a llegar un día en el que digas "este es el momento", no te fuerces.

A la vez, bebé, nuestra sexualidad es una pequeña parte de nosotros, es un gusto, una preferencia que estás tomando. Lo último que les tengo que decir es que hagan lo que les gusta, sean felices, que no les preocupe lo que la gente piense, hagan lo que los haga sentir bien: estar a gusto con nosotros mismos. Y recuerda, si quieres que los demás te quieran y acepten, primero empieza contigo. Todo comienza desde adentro.

Micky se mostró plenamente como gay al terminar la preparatoria, cuando tuvo la osadía de vestirse como mujer en la fiesta de graduación de su escuela dirigida por sacerdotes xaverianos, y después participar en el concurso Nuestra Belleza Sinaloa Gay porque goza la competencia y la exhibición: esas debilidades fueron suficientes para aceptar la invitación, después de mucha insistencia del dueño del bar Pepe Toro, para competir en el certamen de belleza gay. Habiendo cumplido los dieciocho años, representó de modo ficticio al municipio de Ahome y no a Mazatlán, el lugar donde nació.

Simpático y desinhibido como muchas sinaloenses, Micky exhibe una personalidad desbordante, presumiendo que su aceptación y gusto por sí mismo va más allá de la conformidad con su orientación sexual. El día de la competencia llegó sobrado, excedido de confianza; tal pecado se topó en un primer momento con la Señorita Culiacán, quien además de ser muy alta llevaba un discurso muy elaborado que hizo titubear a Micky. Por si fuera poco, su participación en la pasarela fue un desastre:

> Desafortunadamente, cuando tocó desfilar con el traje típico yo iba caracterizado del águila y la serpiente en la bandera mexicana; cuando levanté las alas, se me salió el pezón. ¡Qué vergüenza, qué oso, casi lloro! No me había dado cuenta por los nervios, se te olvida el mundo. Y mis zapatillas Christian Louboutin, las que compré con días de anticipación, no llegaron a tiempo, tuve que pintar unas zapatillas que eran color naranja con una pintura para uñas blanca y pegarles *glitter*, ¡qué triste caso! Las extensiones que traía eran de mi mamá, se las quité. Me pusieron pedrería en los ojos.

Micky se dio cuenta de que su muy teatralizada belleza y simpatía no bastarían para ganar, necesitaba conjuntar con presteza ideas bien elaboradas y bien dichas. Así, el momento de la pregunta: "Hemos tenido muchos defensores de los derechos de los homosexuales, y a todos reconocemos su aportación, pero, ¿tú por qué consideras que no se ha podido alcanzar la igualdad en derechos?", Micky recurrió a su experiencia familiar para invertir el convencionalismo de que una familia educada con valores no puede aceptar a un hijo gay:

Hola, buenas noches para ti y para todos. Antes que nada, me gustaría comentarles que sí, desafortunadamente, a pesar de la lucha que muchos de nosotros hemos enfrentado para alcanzar la igualdad, muchas personas, muchas familias, no inculcan valores a sus hijos. Yo creo que esto viene desde la familia, entonces, para lograr una igualdad entre todos pienso que lo principal es inculcar valores en nuestros hijos, porque ellos van a ser las nuevas generaciones que vamos a encontrar y las próximas personas en gobernar el mundo, muchas gracias.

Después del discurso todos le decían a Micky que ya había ganado: "Yo me sentía súper segura —recuerda—: muy contento subí al escenario con mis compañeras, sintiéndome Ximena Navarrete".

No obstante, un poco más tarde se anunció que el joven mazatleco había quedado en segundo lugar. De inmediato se empezó a escuchar por todo el sitio: "¡Fraude, fraude!" Cuenta Micky:

En aquel momento le dije a la de Culiacán: "Sabes qué, nosotros nos esforzamos mucho. Sí, lo hicimos muy bien, somos las mejores". Le dije que esperáramos a que todas se bajaran, la tomé de la mano y el público nos aclamaba, así que desfilamos una vez más, con las manos levantadas, simbolizando el triunfo. Todos con sus trompetas, los que no aplaudiendo. Parecíamos Barbie Malibú y Barbie Brunette. Un chavo se subió al escenario y me abrazó. La ex reina de Culiacán se quitó la corona y se la puso a la candidata de este año de Culiacán. ¡No... fue todo un show!

De pronto, la conductora del concurso salió a disculparse: se había cometido un error, pues el jurado se sentía demasiado presionado. Enseguida una integrante del jurado tomó el micrófono y dijo: "Pido perdón por todos mis amigos del jurado, que vinieron a tratar de mandar a la mejor representante de Sinaloa, no hay ningún *chanchullo*, no aceptamos dinero. Desafortunadamente hubo un error en los cálculos".

A continuación, la conductora volvió a nombrar los lugares: "Segundo lugar: Mazatlán. Tercer lugar: Culiacán. Primer lugar: Mickey Bustamente".

La primera reacción de Mickey fue el coraje, pero cuando le pusieron la corona se le olvidó: Así lo cuenta:

Seguido de la disculpa de la conductora por parte de la empresa Pepe Toro y el jurado, hice mi comentario:

"¿Cómo es posible que cinco más cinco sean doce, que les salgan mal las cuentas? Qué tristeza que porque no les salió el chistecito me den la corona, muy mal". La frase se volvió un símbolo, me lo siguen mandando por mensaje: "Cinco más cinco son doce".

Yo quiero decir que respeto a todos los jueces; fue un error, todos somos humanos, cometemos errores. Ni el dueño ni el antro tuvo la culpa, no fue planeado, ya se arreglaron las cosas, y bueno… se supone que fue un error, por la presión de la gente y la tensión del momento al meter el resultado en los sobres.

Las zapatillas que usé para verme alto fueron de treinta centímetros, con plataforma transparente. Se la pasaban diciéndome que me veía chaparro, aahh…pues ahí tienen.

Muchísimas gracias por todo su apoyo, mis amores, eso me hizo esforzarme más, todo fue a base de esfuerzo.

Me he convertido en un símbolo no tan sólo de la comunidad gay sino de todos, porque siempre he llamado la atención. Gané el concurso, me di a conocer en todo Mazatlán, y en cuanto dije que me iba a México todos lo supieron. Después de ganar el concurso de belleza me operé la nariz, me gradué de la prepa y empecé a vestirme de una manera más auténtica. ¡Me hice inmortal!

Con sus acciones desafiantes de los valores dominantes, Luisa, Rubí, *la Capri* y Micky sacuden estructuras sociales muy enraizadas, pero paradójicamente lo hacen por medio de la adopción de papeles femeninos muy convencionales, como ser reinas de belleza, quinceañeras o peinadoras. Sin embargo, en ellos-ellas lo convencional y conservador se convierten en subversión: un hombre vestido de mujer no para la actuación, sino como la aceptación de su orientación sexual en la vida diaria, es un auténtico transgresor. Los cuatro han sido subversivos quizá sin darse cuenta, aunque tal vez Micky sí esté consciente de ello.

Al celebrar sus quince años vestida de quinceañera ante trescientas personas que además enteraron a todo el pueblo, Luisa incurrió en una verdadera provocación o, si se quiere, una innovación social en la localidad. Pero ni siquiera se preguntó si era algo nuevo o inusual, simplemente lo hizo y con ello estableció el inicio de lo que los lugareños podrían ir aceptando como algo común.

Rubí fue uno de los primeros estudiantes transgénero de la Universidad Autónoma de Sinaloa en Mazatlán (ignoramos si ha habido otros en Culiacán, Los Mochis o en los otros campus del estado), y el primero de la Facultad de Ciencias Sociales; después de él ingresaron otros.

La Capri se convirtió en una estrella de los espectáculos travestis pueblerinos de Sinaloa y otras ciudades del noroeste mexicano, y experimentó, sin pensar que fuera un hecho extraordinario, amoríos con algunos narcos. Con sus actos nos revela una faceta más de la complejidad humana: sorprendentemente nos dice que los hombres de los cuernos de chivo, las pacas de dólares y cargamentos ilícitos con los que se ha relacionado en la intimidad no le estrellaron en el rostro su violencia sino al contrario, dice, fueron amables, "tiernos y cariñosos" con él.

No habría por qué pensar que *la Capri* inventa algo que no vivió: no da señas particulares de nadie, no señala lugares específicos ni mayores detalles de su intimidad, no es su intención; simplemente aceptó hablar de una realidad que para él como gay y estudiante de sociología es importante. Su testimonio, como los de Luisa, Rubí y Micky, es relevante para entender las transformaciones culturales y los comportamientos sociales por los que transita Sinaloa en particular, y México en general.

El otro reino de las mujeres sinaloenses

En busca de una explicación del culto a las reinas de belleza en Sinaloa, puede arriesgarse la hipótesis de que esta parcela de la realidad mexicana —la veneración de la belleza femenina y su exhibición pública, primero en el tradicional agrado por la fiesta laica y posteriormente en su institucionalización por medio de los concursos para elegir a las misses— fue inducida por la cultura patriarcal regional. Al mismo tiempo, participar en el culto a la belleza y en la elección de reinas, sobre todo en las épocas anteriores a la industrialización de la cultura popular, significó para miles de mujeres sinaloenses una vía para disfrutar de un placer lúdico y sensual prohibido en el hogar y otras instituciones como la Iglesia católica. Más recientemente, ha servido como una senda para la movilidad y el prestigio sociales. Algo que llama poderosamente la atención es que la mayoría de las sinaloenses no ven como un obstáculo para su desarrollo intelectual y social seguir consintiendo esta práctica o disfrutar de ella, una tradición que algún discurso feminista podría caracterizar como *vergonzosa*.

Dejando de lado a las mujeres que hacen del culto a la belleza una profesión y un modo de vida, hay miles de sinaloenses prácticamente de todos los estratos sociales, en particular del ámbito universitario, que con alegría celebran su tradición y al mismo tiempo sobrellevan, generalmente con más éxito que el género masculino, el rigor, la disciplina y las exigencias escolares. Por lo menos en los últimos años del siglo XX y la primera década del XXI, las universitarias sinaloenses demostraron en las aulas más creatividad, productividad y organización intelectual que sus compañeros estudiantes.

En lo general, parece haber en las más jóvenes generaciones de hombres sinaloenses un desencanto con lo que les ofrece la sociedad, por lo que una de las respuestas entre muchos universitarios a esa crisis de oportunidades y de calidad de vida es efectuar un menor esfuerzo ante los rigores de la academia. También resulta factible creer que existe entre el género masculino una inercia cultural que nos ha acostumbrado inconscientemente a pensar que sin grandes esfuerzos seremos, a fin de cuentas, el sustento de la familia. En contraste, hay cada vez más mujeres que se han aventurado en campos exclusivos de los varones hasta hace pocos años.

Por lo demás, no pocas ex reinas sinaloenses de las tres últimas décadas se han visto contagiadas por los síntomas de las mujeres bellas de la sociedad del espectáculo: inestabilidad emocional, insatisfacción permanente, separación y divorcio frecuentes. Pero tales situaciones no necesariamente las provocan ellas sino sus parejas, consumidas por la inseguridad y los celos. O quizá simplemente, ya sin el férreo dominio machista de otras épocas, en la actualidad se reedita la eterna historia de las mujeres agraciadas por natura en cuerpo y rostro: la tragedia de la belleza.

Sin duda, la veneración a las reinas de belleza se ha extendido profusamente en casi todos los confines del mundo. A finales del siglo XX la tradición occidental del culto a la belleza física había derribado casi todas las barreras de otras culturas. Sin embargo, resulta significativo recordar un episodio como el del certamen de Miss Mundo, que se llevó a cabo en Bangalore, India, en 1996, el cual enfrentó una de las resistencias más encendidas que hayan observado los organizadores en toda su historia.

La Federación de Opositores de Miss Mundo, organismo indio creado para intentar impedir el concurso de belleza, juzgó a este como una invasión cultural de Occidente y un acontecimiento inaceptable para las mujeres indias. En tal contexto, antes del certamen hubo estallidos de bombas en la ciudad, enfrentamientos entre policías y manifestantes, así como el suicidio de una persona que se oponía a la competencia; indios de la derecha nacionalista señalaron al evento como un invento de empresas trasnacionales que violentaban al país. Por si fuera poco, el grupo feminista indio Mahila Jagaran Kendra amenazó con que doce de sus integrantes se inmolarían el día de la eliminatoria.[1]

Finalmente, los opositores a la competencia de belleza física femenina no consiguieron abortar el Miss Mundo, pero sí impidieron que sus promotores vendieran la imagen de la India como un país que quería presentarse como moderno y liberal por medio del desfile de decenas de mujeres hermosas de todo el planeta.

La crítica más constante a los concursos de belleza es que fomentan en las mujeres una cultura de sometimiento a la vanidad corporal, miseria intelectual, vacío espiritual, pasividad en la vida ciudadana y obediencia a las decisiones del hombre. Dentro de la crítica feminista, las mujeres que participan en concursos y recurren a su naturaleza visible están entre los personajes más aborrecibles dentro de su género; ciertamente no es difícil concluir que

---

[1] "Miss Grecia fue coronada Miss Mundo", *Noroeste*, Mazatlán, 25 de noviembre de 1966, p. 3-E.

muchas mujeres bellas de profesión no son amantes del esfuerzo intelectual, pero de ahí a concluir que son las villanas del género, lo más probable es que se trate de una exageración.

Ahora bien, en nuestros días, entre las mismas reinas de belleza —al igual que en otros senderos que recorren las mujeres entre dos milenios— se han empezado a adoptar conductas insospechadas en años anteriores. En el microcosmos sinaloense, por ejemplo, se dio el caso sobresaliente de una reina de belleza que incursionó en la política: Libia Zulema López Montemayor, quien fuera candidata a la presidencia municipal de Mazatlán. En realidad, la política es un oficio poco afín al culto del cuerpo, lo que sí es más común es que las candidatas a Señorita Sinaloa o reinas del Carnaval de Mazatlán sean universitarias. De hecho, ya es una norma que las aspirantes a misses en cualquier lugar del mundo tengan estudios profesionales, aunque sigue siendo notable que sean estudiantes destacadas y posean inquietudes políticas, sociales o intelectuales más profundas, como sucedió con Karla I, reina del Carnaval de Mazatlán en 2012, quien es estudiante de ópera.

Hasta mediados de la década de los noventa, Libia Zulema López Montemayor —quien dejó ver talentos que siempre se les han regateado a las reinas— fue una típica señora mexicana de clase media alta. Después de haber sido electa Señorita México en 1970, se casó y su principal preocupación se centró en el hogar y probablemente en algunas campañas a beneficio de la Cruz Roja o de los niños desamparados. No obstante, en 1996, sin dejar de mostrar un esmerado cuidado en las maneras propias de una reina de belleza, Libia Zulema se convirtió en una valiente y respetada líder opositora en Mazatlán. Tal vez ella nunca se imaginó verse convertida en una luchadora social, crítica del sistema económico y de los hombres de poder de Sinaloa y México, los cuales anteriormente la cortejaron y la invitaron a sus eventos sociales.

Sin embargo, al igual que le ha sucedido a cientos de miles de mexicanos en esta época bárbaramente excluyente y depredadora conocida como neoliberalismo, Libia Zulema vio cómo el patrimonio familiar era violentamente expoliado por los bancos, respaldados por la complicidad gubernamental. Su primera reacción fue de aturdimiento y vergüenza y después de coraje: en un principio le pesaba su imagen de mujer pudiente humillada por los bancos y las miradas de las personas de su círculo social. Pero su instinto, que ya antes había caracterizado su carisma en los concursos de belleza, la llevó a unirse al movimiento de pequeños propietarios y profesionistas que surgió espontánea y ágilmente en casi todo México a mediados de los noventa: El Barzón.

El primer día que se manifestó en las calles de Mazatlán sintió ganas de esconder su rostro enrojecido de pena: la experiencia —propia de trabajadores, maestros, estudiantes y otros grupos señalados como *mitoteros*— era totalmente nueva para ella. Al mismo tiempo, quizá también tenía presente que en dos o tres ocasiones las clases medias y algunos ricos de Mazatlán ya se habían manifestado públicamente antes de las marchas de El Barzón. Por ejemplo, cuando acompañaron al PAN y a Humberto Rice en 1983, en las manifestaciones más concurridas de la historia mazatleca desde la huelga inquilinaria de los años treinta, protestando contra un grotesco fraude electoral. También cuando con mucha indignación exigieron que se aclarara el asesinato de la señora Amalia Coppel de Fárber, dama de las élites porteñas. Incluso en la ciudad de México, como reacción al famoso error de diciembre de 1994, que arruinó la economía de familias de altos ingresos, una buena parte de las clases acomodadas se arrojó a las calles como sólo solían hacerlo los "izquierdistas".

Para sorpresa de su familia y amistades, Libia Zulema decidió salir a las calles con pancartas para protestar. Después de caminar unas cuantas cuadras empezó a percibir que accedía a nueva manera de vivir; la emoción que experimentaba se parecía sólo a lo que sintió cuando ganó el certamen de Señorita México y la gente de Guasave, su ciudad natal, la recibió apoteósicamente. En unos cuantos meses se convirtió en la principal dirigente de El Barzón mazatleco. Así, la misma decisión que mostró para convertirse en reina del Carnaval de Mazatlán, Señorita Sinaloa y Señorita México, la llevó a volverse una de las luchadoras sociales más respetadas del puerto.

En junio de 1997, durante una reunión de El Barzón, Libia Zulema tronó al estilo magonista contra los legisladores que protegían a los banqueros: "¡Diputados, tengan valor y por primera vez piensen en el pueblo antes de levantar el dedo y aprobar una reforma de ley que acabaría de hundir a los deudores!"[2] A principios de septiembre de ese año, Libia Zulema fue encarcelada con otros veintisiete barzonistas por protestar frente a una de las oficinas del Banco Nacional de México en una avenida porteña. Las horas en prisión no mellaron su deseo de continuar en uno de los movimientos sociales emergentes más interesantes del país al finalizar el siglo anterior, opuesto a una política económica que favorece incondicionalmente a los grandes monopolios. "No nos vamos a rendir ante el monstruo que nos acosa y afrontaremos todas las consecuencias, porque si no nos defendemos nosotros, no lo hará nadie", dijo la Señorita México 1970.

Cuando en otras ocasiones las reinas de belleza se han visto asociadas con procesos penales fue normalmente porque sostenían algún tipo de vínculo con poderosos políticos, empresarios o con narcotraficantes, como aquella ex Señorita Jalisco involucrada en

---

[2] Nota de María del Carmen Garay, "Exigen barzonistas reforma de ley para los deudores", *Noroeste*, Mazatlán, 18 de junio de 1997.

el caso del ahora desaparecido general Gutiérrez Rebollo, acusado por su presunta protección al *Señor de los Cielos*, Amado Carrillo Fuentes. Posteriormente hubo casos como los de Laura Zúñiga y Susana Flores, pero saber de reinas de belleza encarceladas por una causa social es de suyo fuera de lo común; ver para creer.

Una interpretación apresurada y simplista ha concluido que dentro de la tradición de los efímeros pero abundantes reinados de belleza que hay en Sinaloa, las mujeres de la región tienen en ellos un obstáculo infranqueable para saltar a otros oficios donde ocupen los recursos de la creatividad, la independencia de juicio, la iniciativa y el compromiso social. No obstante, las sinaloenses no han encontrado alguna razón por la que, una vez que han demostrado su capacidad intelectual y su creatividad, tengan que abandonar el hábito del gozo de la sensualidad y su correlato en el culto a la belleza.

La fortaleza de la cultura regional, hecha carácter en su gente, ha incorporado las características de la vida contemporánea en todos los estratos sociales, sin relegar nunca el gusto por la fiesta, la frescura de la espontaneidad, el placer de la seducción o la sabiduría de preservar el placer infantil por el cuerpo. No deja de ser sorprendente que las sinaloenses asuman conductas que desafían convencionalismos machistas y se opongan a costumbres que las subordinan, mientras mantienen el agrado por el arreglo esmerado y la coquetería clásica, es decir, el cuidadoso maquillaje, la ropa insinuante y las altas zapatillas.

Lo que resulta todavía más sorprendente de las sinaloenses en el nuevo siglo es que estén incursionando con abundancia y energía en el mundo del narcotráfico, una actividad masculina por excelencia. No es que hayan sido ajenas a la producción de goma y mariguana, pues durante décadas han sido parte activa del proceso de cultivo, pero muy pocas habían adoptado papeles protagónicos.

En el siglo XXI, como efecto de la *guerra* que emprendió Felipe Calderón contra los cárteles de la droga, las reinas y jefas del narco se hicieron más visibles que nunca. En el libro intitulado precisamente *Las jefas del narco* varios autores lo documentamos ampliamente, y por si fuera poco lo que ahí se revela, los hechos diarios del acontecer estatal constatan que tal tendencia sigue en ascenso. Tan sólo en enero de 2013, el Departamento del Tesoro de Estados Unidos dio a conocer que, teniendo al municipio de Guasave como centro de operaciones, se había formado un nuevo cártel asociado a los hermanos Beltrán, aliados a su vez a los Zetas. Esa presunta organización tendría como parte de su núcleo dirigente a tres mujeres: la madre, la esposa y una hermana de Fausto Isidro Meza Flores, el capo del grupo. El nombre del *Chapo* Isidro ha estado sonando a lo largo ya de una década en la zona centro-norte de Sinaloa y ha sido noticia en los medios locales en muchas ocasiones, sin embargo, cobró aún más importancia cuando se le mencionó en relación con la muerte de María Susana Flores Gámez. Al ser la primera reina de belleza en caer bajo el fuego del Ejército, *Marisol* se convirtió en el símbolo de una nueva etapa en la historia del narcotráfico nacional donde las mujeres se visibilizan de modo creciente vinculadas con las estructuras del crimen organizado.

La belleza es poder, uno de los grandes poderes en la historia de la humanidad, y como tal es terreno eterno de disputa para hombres con dinero y armas. Ante la belleza femenina, el hombre actúa por instinto y busca hacerla suya, pero lucha por ella con más fiereza cuando la remata el símbolo del reinado. Es sabido que el deseo de encarnar a la belleza misma ha llevado a varias niñas y adolescentes de Sinaloa a solicitar apoyo de políticos, empresarios o narcos. La historia de los narcos y las reinas de belleza continúa, ahora incluyendo capítulos con las reinas gays.

La mayoría de las veces las reinas caminan por su propia senda, pero su familiaridad con los narcos va en aumento: una y otra vez se comenta, se inventa o se confirma en la elección de alguna de ellas que de alguna manera el narco está involucrado. En el Carnaval de Mazatlán ello ha sucedido varias veces y la gente lo *mitotea* porque esa posibilidad siempre existe. Tan sólo en el carnaval de 2013, cuando una candidata apareció con un tigre de Bengala como mascota, de inmediato corrieron los rumores, alertando de que un narco podría estar apadrinando a la chica. En Mazatlán se dice que no hay carnaval sin mitote, y se puede agregar que tampoco hay reinas de belleza, incluidos los gays, sin pretendientes narcos. Estos poseen cada vez más territorio, hombres y mujeres a su servicio, armas, dinero, drogas, influencia política e impacto cultural; ubicuos y ambiciosos, buscan todo tipo de poder en el México contemporáneo y, también, reinas que abanderen con su belleza la presencia que ostentan ante la sociedad.

Bibliografía

Álvarez Solís, Antonio, "Las piernas: ¿cómo eran sus ojos?", en VV. AA., *Verte desnuda*, Biblioteca Erótica, Temas de Hoy, Madrid, 1992.

Álvarez Tostado Alarcón, Laura Elena [m], en Gilberto López Alanís, *Presencia jesuita en el noroeste (400 años del arribo jesuita al noroeste)*, Difocur, serie Historia y Región, núm. 7, Los Mochis, 1992.

Arreola, Juan José, "La implantación del espíritu", en Elena Urrutia (comp.), *Imagen y realidad de la mujer*, col. SEP-Setentas, México, 1979.

Ary, Zaira, "El marianismo como 'culto' de la superioridad espiritual de la mujer", en Milagros Palma (coord.), *Simbólica de la feminidad. La mujer en el imaginario mítico-religioso de las sociedades indias y mestizas*, Ed. Abya-Yala, col. 500 años, núm. 23, Ecuador, 1990.

Astorga, Luis, *El siglo de las drogas*, Espasa-Hoy, México, 1996.

Banner, Lois W., *American Beauty*, University of Chicago Press, 1984.

Basaglia, Franca, *Una voz: reflexiones sobre la mujer*, Universidad Autónoma de Puebla, Puebla, 1986.

Baz, Margarita, *Metáforas del cuerpo. Un estudio sobre la mujer y la danza*, Porrúa/UNAM/UAM, Programa Universitario de Estudios de Género, México, 1996.

Beraud, José Luis, *Actores históricos de la urbanización mazatleca*, Difocur, Culiacán, 1996.

Berger, John, *Ways of Seeing*, BBC-Penguin, Londres, 1977.

Bernal, Julio, *Amparo Ochoa. Se me reventó el barzón*, Difocur/UAS, Culiacán, 1996.

Bonfil Batalla, Guillermo, *México profundo, una civilización negada*, Conaculta/Grijalbo, México, 1990.

Brownmiller, Susan, *Femininity*, Linden Press/Simon and Schuster, Nueva York, 1984.

Calderón Viedas, Carlos, *Huellas de modernidad en Sinaloa*, Fontamara, México, 2007.

Cisneros, Ulises, Javier Campos y Maximiliano Alvarado (comps.), *Lupita, la Novia de Culiacán*, Difocur/Gobierno del Estado de Sinaloa, Culiacán, s. f.

Cervantes Ahumada, Raúl, "La poesía sinaloense en América", en Ernesto Higuera (comp.), *Antología de prosistas sinaloenses*, Ediciones Culturales del Gobierno del Estado de Sinaloa, Culiacán, 1959, vol. II, t. I.

Cetina, Eccehomo, *Jaque a la reina: mafia y corrupción en Cartagena*, Planeta Colombiana, Bogotá, 1994.

Clarasó, Noel, *Antología de textos, citas, frases, modismos y decires*, Acervo, Barcelona, 1978.

Clark, Kenneth, *The Nude: A Study in Ideal Form*, Pantheon Books, Nueva York, 1956.

De Faria, Francisco Xavier, *Apologético defensorio y puntual manifiesto*, versión paleográfica de Gilberto López Alanís, UAS, Culiacán, 1981.

Domecq, Brianda, *La insólita historia de la Santa de Cabora*, Planeta, México, 1990.

Espinosa de Parrodi, Patricia, "Violación de los derechos políticos de la mujer, violación de sus derechos humanos", ponencia ante la Comisión de Derechos Humanos del Parlamento Europeo, 27 de mayo de 1997.

Faludi, Susan, *La guerra contra las mujeres*, Planeta, México, 1992.

Félix Castro, Enrique, *Evolución tardía de la provincia*, UAS, Culiacán, 1985.

Friday, Nancy, *The Power of Beauty*, Harper Collins, Nueva York, 1996.

Gruzinski, Serge, "La conquista de los cuerpos", en *Familia y sexualidad en Nueva España*, SEP/FCE, México, 1982.

Humboldt, Alexander von, *Ensayo político sobre el reino de la Nueva España*, Castella, México, 1941, 5 vols. v.

Iturriaga, José E., "El carácter del mexicano", en *Clásicos de la literatura mexicana. Ensayos. Siglos XIX y XX*, Patria, México, 1992.

Jones, Lupita, *Palabra de reina*, Planeta, col. Espejo de México, México, 1993.

Langlois, Judith, y C. Stephan, "Beauty and the Beast: The Role of Physical Attractiveness in the Development of Peer Relations and Social Behavior", en Sharon S. Brehm *et al.* (eds.), *Developmental Social Psychology: theory and research*, Oxford University Press, Nueva York, 1981.

Lazcano y Ochoa, Manuel, *Una vida en la vida sinaloense*, Talleres Gráficos de la Universidad de Occidente, México, 1992.

López Alanís, Gilberto, *Presencia jesuita en el noroeste (400 años del arribo jesuita al noroeste)*, Difocur, serie Historia y Región, núm. 7, Los Mochis, 1992.

Lizárraga, Arturo, "Hay que darle gusto al gusto", ensayo ganador del segundo lugar en el Primer Concurso Estatal de Crónica del Cobaes, Culiacán, 1997.

Maisonneuve, Jean, y M. Bruchon-Schweitzer, *Modelos del cuerpo y psicología estética*, Paidós, Buenos Aires, 1984.

Monsiváis, Carlos, *Amor perdido*, Era/SEP, Lecturas Mexicanas 44, segunda serie, México, 1977.

Morduchowicz, Roxana, *Los adolescentes y las redes sociales*, FCE, Buenos Aires, 2012.

Nakayama, Antonio, *Entre sonorenses y sinaloenses. Afinidades y diferencias*, Difocur, Culiacán, 1991.

Paglia, Camille, *Sexual Personae, Art and Decadence from Nefertiti to Emily Dickinson*, Vintage Books, Nueva York, 1991.

Palacios Domínguez, Patricia Paloma, "El Carnaval de Mazatlán: vivencias de una candidata a reina del carnaval", mimeo., Mazatlán, junio de 1997.

Platón, *Diálogos*, Editora Nacional, México, 1971.

Quinones, Sam, *True Tales from Another Mexico*, University of New Mexico Press, 2001.

Ramírez, Santiago, *El mexicano. Psicología de sus motivaciones*, Grijalbo, México, 1977.

Rosenblat, Ángel, *La población indígena y el mestizaje en América*, Nova, Buenos Aires, 1954.

Rudofsky, Bernard, *The Kimono Mind*, Doubleday, Nueva York, 1965.

Simmel, Georg, *Cultura femenina. Filosofía de la coquetería, lo masculino y lo femenino, filosofía de la moda*, Espasa-Calpe, Buenos Aires/México, 1938.

Sánchez Parra, Sergio Arturo, *Estudiantes en armas*, UAS/Academia de Historia de Sinaloa, A. C., México, 2012.

Stern, Daniel N., *Diary of a Baby*, Basic Books, Nueva York, 1990.

Tibón, Gutierre, *El ombligo como centro erótico*, FCE/SEP, Lecturas Mexicanas 16, México, 1984.

Torok, Marika, "La significación de la envidia del pene en la mujer", en J. Chasseguet-Smirgel, *La sexualidad femenina*, Laia, Barcelona, 1977.

Valdez Aguilar, Rafael, *Sinaloa: negritud y olvido*, La Crónica de Culiacán, Culiacán, 1993.

Vasconcelos, José, *La raza cósmica*, Department of Chicano Studies, Cal. State University, Los Angeles, 1979.

Vega, Enrique, Iván Hernández y Agustín Lucero (comps.), *Crónicas originales*, Codetur/Cámara de Diputados del Congreso de la Unión, Mazatlán, 1996.

Welldon, Estela V., *Madre, virgen, puta; idealización y denigración de la maternidad*, Siglo XXI, Madrid, 1993.

Wolf, Naomi, *The Beauty Myth. How Images of Beauty are Used Against Women*, Anchor Books, Nueva York, 1992.

Yépez, Heriberto, *La increíble hazaña de ser mexicano*, Temas de Hoy, Planeta, 2010.

Zavala Duarte, Aristeo, *Sinaloa en el siglo XVI*, UAS, Culiacán, 1981.

HEMEROGRAFÍA

Adler, Jerry, "The Strange World of Jon Benet", *Newsweek*, 20 de enero, 1997.

Aída Concha, Leonor, "El poder de la mujer en la Iglesia", *Fem*, vol. 20, agosto 1981-enero 1982.

Cowley, Geoffrey, "The Biology of Beauty", *Newsweek*, 3 de junio, 1996.

De Rueda, Ana María, entrevista de Héctor Guardado, *Noroeste*, Mazatlán, 25 de noviembre de 1996.

Derrida, Jacques, entrevista de Derek Attridge, *La Jornada*, 7 de junio de 1997.

Díaz Valdez, Héctor, entrevista de Francisco Pérez, *El Sol del Pacífico*, Mazatlán, 1° de junio de 1991.

El Correo de la Tarde, Mazatlán, 7 y 9 de febrero y septiembre de 1881, núm. 51.

"En busca del centenario", suplemento de *Noroeste*, Mazatlán, febrero 19 de 1996.

Enciso, Angélica, "Sólo hay 85 presidentas en los 2428 municipios del país", *La Jornada*, 6 de enero de 1997.

Garay, María del Carmen, "Exigen barzonistas reforma de ley para los deudores", *Noroeste*, Mazatlán, 18 de junio de 1997.

Hildebrandt, Katherine, e Hiram E. Fitzgerald, "Facial Feature Determinants of Perceived Infant Attractiveness", *Infant Behavior and Development*, 1979, 2.

"Irene Sáenz, ex Miss Universo venezolana, lanzará su candidatura para la presidencia", *Excélsior*, 6 de septiembre de 1997.

Langlois, Judith, y otros, "Infants' Differential Social Responses to Attractive and Unattractive Faces", *Developmental Psychology*, 1990, núm. 1.

213

Martini, Mario, "Yo asesiné al gobernador Loaiza porque lo ordenaron. *El Gitano* sigue hablando" (reportaje), *Álbum del Recuerdo*, Mazatlán, 1988.

"Miss Grecia fue coronada Miss Mundo", *Noroeste*, Mazatlán, 25 de noviembre de 1996.

Murúa, Dámaso, *Presagio*, Culiacán, julio de 1977, época I, núm. 1.

Presagio, México, septiembre de 1979, época I, núm. 27.

Rivera J., Héctor, "Diálogos con Marcello Mastroianni", *Proceso*, 22 de diciembre de 1996, núm. 1051.

"Una corona de corcholatas. Anecdotario de una adolescente carnavalera", suplemento del periódico *Noroeste*, Mazatlán, enero de 1997.

Wong Ramos, Isela, entrevista de Héctor Guardado, *Noroeste*, Mazatlán, 13 de enero de 1997.

DOCUMENTOS

Gómez, Pbro. D. Francisco, "Carta a la diócesis transcrita en oficio al Alcalde Conciliar del Puerto por D. Manuel Mario de la Vega y Rábago", 20 de marzo de 1836, Archivo Histórico de Mazatlán.

"Manuscrito de Henry Halleck sobre la campaña de la Flota del Pacífico de Estados Unidos en la guerra con México de 1847-1848", Documentos del despacho de abogados de Henry Halleck, Biblioteca George Bancroft, Universidad de Berkeley, California.

ENTREVISTAS DEL AUTOR

- Leticia Arellano Rentería
- Amina Blancarte
- Ana María de Rueda

- Libia Zulema Farriols López
- Regina González Franco
- Libia Zulema López M.
- Abris Ileana Tiznado
- Lupita Rosete Aragón
- Lucina Elena Rosete Aragón
- Luisa, Rubí, *Capri*
- Astrid Macías Fregoso
- Miguel Ángel Cundapí Bustamante

Agradecimientos

La lista de todas las personas que de diferentes maneras me ayudaron a elaborar y producir este libro se alargó como pocas veces. Con el riesgo de que me reclamen amigos y colaboradores al omitir sus nombres, mencionaré sólo a algunos de los que me prestaron su auxilio y testimonio.

He tenido la fortuna de encontrar con frecuencia alumnos, pero sobre todo alumnas de mi universidad con un gran sentido de responsabilidad, ánimo de trabajo y colaboración, quienes me han brindado su tiempo y talento para sacar adelante diferentes etapas de la investigación que hizo posible este libro. La batallosa aunque también gozosa faena de transcribir y realizar entrevistas la llevaron a cabo pacientemente Miriam Aranguré Valdez, Adriana Cárdenas González, Diala Birrueta Covarrubias y Marier García; su energía juvenil, talento y cumplimiento me permitieron terminar con ahorro de esfuerzos propios las páginas de este libro, además de que su simpatía me aligeraba el humor para seguir escribiendo a plenitud.

En los últimos detalles de esta labor, con el tiempo limitado y otras ocupaciones, Miriam López, excelente estudiante y mejor persona, con la espontaneidad tan apreciable y abundante que se encuentra en estas tierras, me ayudó a transcribir dos importantes entrevistas que aparecen en el libro que aquí presento.

Cuando reemprendí la elaboración de este texto en 2012, María Guadalupe Sandoval y Marlene Morales Guerrero, apenas acariciando los veinte años, emprendieron la laboriosa tarea de transcribir gran parte de los capítulos que aquí aparecen y ayudaron a tramitar nuevas entrevistas que enriquecieron el libro. Su inteligencia y desbordante alegría siempre reanimaron los momentos de cansancio.

Fue muy placentero platicar y entrevistar a un amplio número de reinas de belleza que me hicieron descubrir la sensibilidad que muchas de ellas poseen. No las menciono aquí porque todas aparecen con frecuencia en estas páginas; les agradezco su tiempo y sobre todo la sinceridad con que se expresaron.

Del mismo modo, agradezco profundamente la franqueza, sinceridad y valentía con que hablaron de sus vidas *Capri*, Micky, Rubí y Luisa, gays andróginos y travestis que aparecen aquí.

Aspirando aromas de café y gozando amenas y eruditas conversaciones con el profesor Elías Miranda encontré, gracias a sus sugerencias, el camino a clásicos griegos que hablan del amor, la belleza y las mujeres. Estas lecturas son irremplazables para hablar de la tragedia y el máximo goce de la belleza. Asimismo, otras charlas con José Luis Franco, escritor mazatleco, me sugirieron lecturas sinaloenses que me acercaron más a las ideas que yo tanteaba.

Tracy Duvall, antropólogo tucsonense estudioso de la cultura popular mazatleca, y Helena Simonett, etnomusicóloga suiza, quien realizó una bella investigación sobre los orígenes y las transformaciones de la tambora sinaloense, me recomendaron valiosos y sugerentes libros estadounidenses y colombianos que hablan de las reinas de belleza y su significado en diferentes partes del mundo.

Gloria López Bernal, ex alumna y amable amiga, es la persona que más constantemente me recordaba que desde hace varios años tenía en mis planes llevar a cabo este libro. Su interés fue uno de los motivos que me dieron el último impulso para enfrentarlo.

Iván Hernández, conocedor de casi todos los secretos del Archivo Histórico de Mazatlán, me facilitó valiosos datos y documentos del siglo XIX y principios del XX, los cuales iluminaron pasajes que estaban incompletos en la elaboración de este texto. Juan Carlos Ceballos, otro exalumno, con interés y generosidad me consiguió varias entrevistas con reinas del anteriormente rico mineral de Cosalá, que enriquecieron la percepción de lo que yo buscaba comprender. Carlos Suárez se convirtió en mi salvavidas cibernético cada vez que la computadora me hundía en sus confusas aguas.

Para mí, las más constantes y diarias educadoras acerca de lo mejor de la cultura femenil sinaloense han sido las mujeres de la familia de Sandra, mi amada compañera a lo largo de veintisiete años: Panchita, la guía del clan, y sus hijas Aída, Sandra, Cecilia, Selene, Paulina y Paola, la bella bisabuela Julia y más recientemente Alessandra, la niña de mis ojos. Ellas me han mostrado la agraciada mezcla de talento, sensibilidad y determinación que hay en las mujeres sinaloenses para intuir, gozar y vivir una buena vida.

Raúl Rico, director del Instituto de Cultura de Mazatlán, Enrique Vega, catedrático y cronista del puerto de Mazatlán, así como Adalberto Santana, colega universitario, además de ser amigos de muchos años me dieron el apoyo y el impulso para una primera versión de este libro. A ellos, gracias.

A los editores de Penguin Random House, mi gratitud infinita por abrirme las puertas para publicar en su casa, y redoblo mi agradecimiento particular para con Ariel Rosales y Enrique Calderón, quienes en esta empresa prestaron sus ojos y oídos para que este texto pudiera llegar a las manos de ustedes.

De carnaval, reinas y narco, de Arturo Santamaría Gómez
se terminó de imprimir en febrero 2014 en
Drokerz Impresiones de México, S.A. de C.V.
Venado Nº 104, Col. Los Olivos, C.P. 13210,
México, D. F.